Super Quiz de Marketing

Tomes 1 + 2

Exercices et calculs corrigés

Claude Laveine

Ce livre est une œuvre de fiction. Toute ressemblance avec une personne physique ou morale, existante ou ayant existé est purement fortuite. Les anecdotes et informations citées sont le fruit de l'imagination de l'auteur.

Du Même Auteur

La Vie Epatante de l'Agent Secret Duchemin – Tome 1
Il Faut Sauver l'Agent Secret Duchemin – Tome 2
Agent Secret Duchemin – Mission Lune – Tome 3
Au Temps en Emporte l'Agent Duchemin – Tome 4
Le Fabuleux Destin de l'Agent Duchemin – Tome 5
Agent Secret Duchemin – En Avant Mars – Tome 6
Agent Secret Duchemin – A Mars Forcée – Tome 7
Agent Secret Duchemin – Un Héros Français – Tome 8
Agent Secret Duchemin–Opération Rédemption–Tome 9

L'Effarante Aventure de Brian Tabernak – Tome 1
L'Incroyable Attaque de l'Agent Tabernak – Tome 2
La Terrible Traque de l'Equipe Tabernak – Tome 3
L'Equipe Tabernak Contre-Attaque – Tome 4
L'Apokalypse selon Tabernak – Tome 5

Des Agents pas très Secrets – Opération Esturgeon
Des Agents pas très Secrets – Mission Caméléon
Des Agents pas très Secrets – Maudite Météorite

Constantin Dumoulin – Panique sous les Tropiques
Constantin Dumoulin – Branle-Bas de Combat aux USA
Constantin Dumoulin – Secret Fatal au Lac Baïkal

Robin Dubois – Sans Froid ni Loi – Tome 1
Robin Dubois – Espion Malgré Moi – Tome 2
Robin Dubois – 20 Jours – Tome 3

The Exciting Life of Secret Agent Duchemin – Volume 1
The Amazing Adventure of Brian Tabernak – Volume 1
The Incredible Attack of Agent Tabernak – Volume 2

Quiz de Marketing-Tome 1
Quiz de Marketing-Tome 2
Quiz de Marketing International
Quiz de Management Commercial

Comment s'autopublier en une journée ?

Marketing Quiz
Marketing Calculations

Table des matières

A/ Consignes d'Utilisation

Ce livre permet de préparer ses révisions aux examens et d'améliorer sa culture commerciale. Afin d'optimiser la lecture, nous vous recommandons de vous munir d'un bloc notes et d'une calculatrice.

Les réponses aux questions de culture marketing et aux exercices sont proposées régulièrement. Les solutions sont numérotées et souvent corrigées sur la même page.

Si vous recherchez davantage d'exercices de Marketing, nous vous recommandons "Marketing Calculations" du même auteur sur la boutique Kindle. Afin de compléter vos connaissances, nous vous proposons également "Quiz de Marketing – Tome 2" et "Quiz de Marketing International".

Vous lisez la version de janvier 2023. Ce livre sera régulièrement actualisé.

Certaines informations sont purement anecdotiques et imaginaires. Toute ressemblance avec une personne physique ou morale existante ou ayant existé est purement fortuite.

B/ Culture Marketing

Vrai ou Faux

1) D'ici à 2035, la population mondiale augmentera de 15% à 8,5 milliards d'habitants et consommera 30% de nourriture, 45% d'eau et 55% d'énergie de plus qu'aujourd'hui :

2) Le premier partenaire de la France sont les Etats-Unis :

3) La Chine est le deuxième fournisseur de la France, la France est le 20ème fournisseur de la Chine :

4) Le nombre de stagiaires en France a été divisé par deux en 5 ans :

5) A Singapour, 1 foyer sur 6 est millionnaire en dollars américains :

6) 26% des hommes russes n'atteignent pas l'âge de 55 ans :

7) 1% des américains ont profité de 90% des hausses de revenus depuis 5 ans :

1) Vrai, 2) Faux, Allemagne, 3) Vrai, 4) Faux, a été doublé, 5) Vrai, 6) Vrai, 7) Vrai.

8) Sachant que les coûts publicitaires sont intégrés dans le prix de vente, en moyenne une famille paye chaque mois de façon invisible : 133 € pour la publicité - 153 € - 143 €

9) Le prix de vente d'une voiture vendue en France inclut en moyenne :
1.200 € de frais publicitaires – 1.400 € - 1.700 €

10) Que signifie Internet ?

11) Quelle est la destination favorite des français qui partent à l'étranger ?

12) Quelle est la boisson la plus consommée en France après l'eau potable ?

8) 153 €, 9) 1200 €, 10) International Network, 11) l'Espagne, 12) l'Eau minérale.

13) 90% des produits nouveaux disparaissent six mois après leur lancement :

14) Les dépenses marketing pour un nouveau produit grand public atteignent en moyenne 8 à 10 millions d'euros :

15) Afin de rassurer leurs passagers, certaines compagnies aériennes parfument leurs avions avec des odeurs de miel et de lait maternel :

16) Certains constructeurs automobiles étudient le bruit des portières afin de donner une sensation de robustesse :

17) Au Québec, les sodas au cola sont surnommés "jus de caribou dans de l'eau furieuse" :

18) Certaines publicités pour des sodas ont été réalisées dans la navette spatiale américaine :

19) Pour attirer la clientèle, un restaurant New Yorkais n'emploie que des serveurs jumeaux :

20) Chaque seconde sont consommées 100.000 bouteilles de sodas au cola sur la planète :

13) Vrai, 14) Vrai, 15) Vrai, 16) Vrai, 17) Vrai, 18) Vrai, 19) Vrai, 20) Vrai.

21) Dans les couples français, quel est le pourcentage de femmes s'occupant des courses, de la lessive et du repassage ?

22) Quel est le coût moyen de location au m2 sur les Champs Elysées d'une surface de vente placée à droite en remontant vers l'Arc de Triomphe ?

23) Quelle est la langue la plus parlée dans le monde ?

24) Quel est le nombre de pays où l'anglais est la langue officielle : 70 - 47 - 28

25) Quel est le nombre de pays où le français est la langue officielle :

21) Courses (90%), lessive (95%), repassage (97%), 22) 9000 €/an, 23) Le Mandarin, 24) 47, 25) 30.

◆◆◆

Le Saviez-vous ?

1) Comment se nomment les pertes d'un point de vente dues aux vols, aux produits perdus et abimés ?

2) En moyenne, quel est le pourcentage de la démarque inconnue par rapport au chiffre d'affaires ?

3) Quel est le poids moyen d'un chariot de courses au moment où il arrive en caisse : 19 kg - 28 kg - 30 kg ?

4) Quel est le montant du panier moyen d'un client d'hypermarché : 53 € - 72 € - 90 € ?

5) Quel est le nombre moyen de visites d'un français dans un hypermarché en un an : 47 - 51 - 38 ?

6) Quel est le temps moyen passé par un client dans une grande surface : 35 mn - 40 mn - 1h30 ?

7) Parmi les cinq sens, quel est le sens le plus fin et qui a le plus de mémoire ?

8) Quel est le coût moyen mensuel pour parfumer 100 m2 de surface de vente ?

1) La démarque inconnue, 2) Environ 5%, 3) 30 kg, 4) 72 €, 5) 38, 6) 40 mn, 7) l'Odorat, 8) 70 €.

Vrai ou Faux

1) Les premiers tests de parfum artificiel dans un point de vente ont eu lieu dans des grands magasins américains en 1922 :

2) La rose sauvage et le jasmin sont les fleurs les plus utilisées pour parfumer des points de vente :

3) Parfumer un point de vente permet de gérer une ambiance, de contenir les tensions et de donner envie de rester plus longtemps :

4) Des odeurs apaisantes peuvent multiplier un chiffre d'affaires par trois :

5) Parfumer des fruits et légumes est autorisé :

1) Vrai, 2) Vrai, 3) Vrai, 4) Vrai, 5) Faux, publicité mensongère.

1) 70% du choix des produits dans un point de vente se fait dans les rayons :

2) Certains panneaux d'affichage diffusent également des odeurs attirantes :

3) Avec le géomarketing, il est possible de connaître le potentiel de consommation, quartier par quartier dans une grande ville, pour plus de 900 produits :

4) Le géomarketing permet de calculer le montant du droit d'entrée d'une franchise :

5) Certains magasins ont créé leur propre chaîne de radio :

6) Un hypermarché propose environ 20.000 références dans un point de vente physique :

7) Un supermarché réalise en moyenne 7000 € par m2 :

8) Les hypermarchés chinois vendent les poissons vivants :

1) Vrai, 2) Vrai, 3) Vrai, 4) Vrai, 5) Vrai, 6) Faux, plus de 50.000, 7) Faux, environ 4000 €, 8) Vrai.

. Que signifient les abréviations suivantes :
. RFID, EDI, GMS, HD, MDD, PGC, RFA, TG, DLV :

. Radio fréquence identification, échange de données informatiques, grandes et moyennes surfaces, hard discount, marque de distribution, produit de grande consommation, remise de fin d'année, tête de gondole, date limite de vente.

. A quelle date date ont été créés ces centres commerciaux :

. Parly 2, Les Ulis 2, Evry 2, La Part Dieu, Val d'Europe, Carré Sénart.

. *Parly 2 (1969), Les Ulis 2 (1973), Evry 2 (1975), La Part Dieu (1981), Val d'Europe (2002), Carré Sénart (2003).*

C/ Mémos Marketing

1) Quelles sont les 5 étapes classiques du cycle de vie d'un produit ou service ?

2) Quelles sont les caractéristiques de la phase de maturité ?

3) Quelles sont les caractéristiques de la phase de lancement ?

4) Quels sont les éléments du plan de marchéage ou Mix marketing qui peuvent être modifiés pour relancer un produit ?

5) Comment nommer les six courbes de vie particulières ?

6) Quelles sont les fonctions de la marque ?

7) Quelles sont les caractéristiques essentielles d'une marque à succès ?

8) Une marque ne peut :

9) Quels sont les différents types de marque ?

1) Recherche, lancement, croissance, maturité, déclin,

2) Point mort dépassé, pleine rentabilité, demande stable, trésorerie reconstituée, fidélisation de la clientèle,

3) Coûts élevés, rentabilité aléatoire, constitution des stocks,

4) Packaging, prix, contenu, animations,

5) Produits impérialistes (sodas), produits de mode, marché résiduel (planche à roulettes), produit dilemme, succès immédiat, produit feu de paille (marché musical),

6) véhiculer une image, un style - garantir la qualité du produit, sécuriser le consommateur, se distinguer de la concurrence,

7) mémorisable, lisible, évocatrice, traduisible, déclinable, euphonique (son harmonieux),

8) porter atteinte à autrui, être générique (Le Beurre), induire en erreur,

9) produit, ombrelle, signature, distribution, notoire.

10) Auprès de quels organismes peut-on protéger une marque ?

11) Une entreprise peut-elle utiliser une marque déjà déposée ?

12) Quelles sont les conséquences de la contrefaçon pour une marque ?

13) Comment définir l'image d'une marque ?

14) Quelles sont les fonctions du packaging ?

15) Comment améliorer la qualité fonctionnelle d'un produit ?

16) Comment améliorer la qualité esthétique d'un produit ?

17) Quelles sont les 3 principales normes pour la France, l'Europe et le Monde ?

18) Citer 4 labels de qualité ?

19) Quels sont les 3 types de produit nouveau ?

10) Institut National de la Propriété Industrielle (INPI, Paris), Office d'Harmonisation du Marché Intérieur (U.E - OHMI, Alicante), Organisation Mondiale de la Propriété Industrielle (Monde - OMPI, Genève),

11) oui, si le secteur d'activité est différent, en cas de négociation, en cas d'achat ou location (franchise),

12) perte de chiffre d'affaires, menace pour l'image de marque, coûts juridiques, désorganisation du réseau de vente,

13) représentation affective et rationnelle associée à un nom,

14) Protection contre les agressions extérieures, transport, manutention, implantation en rayon, communication dans le point de vente,

15) sécurité, modernité, facilité d'utilisation, efficacité,
16) design et stylique,
17) NF (Normes françaises, Afnor), CE (Communauté Européenne), ISO (International Standard Organisation, ONU),
18) rouge, AOC (Appellation d'origine contrôlée), AB (agriculture biologique), Atout qualité, 19) discontinuité (Son Numérique), semi-continuité (DVD), continuité (Ecran plat).

21) Quels sont les 5 types de marché ?
22) Quels sont les 5 principaux intervenants sur un marché ?
23) Quels sont les 4 principaux environnements du marché de l'entreprise ?
24) Que signifie "effet de sablier" ?
25) Quels sont les 5 besoins évoqués par Maslow dans une pyramide ?
26) Quels sont les 3 types de motivation ?
27) Quels sont les 2 éléments qui constituent les freins d'achat ?
28) Quels sont les 3 types d'attitudes ?
29) Quels sont les 5 socio styles ?

21) atomisé (multitude d'offreurs), ouvert (sites internet), fermé (marché automobile), actuel, potentiel,
22) consommateurs, producteurs, prescripteurs (n'achètent pas mais recommandent d'acheter), conseillers, distributeurs,
23) technologique, juridique, socio-économique, culturel,
24) élargissement des segments haut de gamme et bas de gamme, sur segmentation de l'offre,

25) physiologiques, sécurité, sociaux, estime, épanouissement,

26) hédoniste (auto satisfaction), oblative (générosité), auto expression (besoin de reconnaissance),

27) peurs et inhibitions,

28) cognitives (connaissance du produit), affectives (sympathie envers la marque), conatives (déclenchement de l'achat),

29) matérialistes, activistes, décalés, rigoristes, égocentrés.

30) Quels sont le 4 P du Mix marketing :

31) Quels sont les 5 éléments du plan de marchéage :

32) Quelle est la traduction des termes suivants :

Mix, Merchandising, Packaging, Marketing, Design, Market test, Benchmarking, Cash, Phoning, Mailing, Show room :

33) Que signifient :

Marketing opérationnel, Marketing social, Marketing politique, Marketing sensoriel :

34) Quelle est la vocation du consumérisme :

35) Que signifient : UFC, INC, DGCCRF, CNC :

36) Quelles sont les formes d'action des associations de consommateurs :

30) Product (produit), price (prix), place (distribution), promotion (publicité, force de vente), 31) Produit, prix, distribution, force de vente, communication,

32) Plan de marchéage, marchandisage, emballage-conditionnement, mercatique, stylique, marché test, veille concurrentielle, comptant, télévente, publipostage, magasin d'exposition,

33) Application des 4P pour lancer un nouveau produit, techniques commerciales appliquées au développement des associations caritatives, promotion commerciale des partis politiques, utilisation des cinq sens pour attirer l'attention des consommateurs,

34) défendre, protéger et alerter les consommateurs,

35) Union fédérale des consommateurs, Institut national de la consommation, Direction générale de la consommation, concurrence et répression des fraudes, Conseil national de la concurrence,

36) Influencer le comportement d'achat, faire pression sur les pouvoirs publics, boycott, actions en justice.

37) Citer 4 méthodes probabilistes pour déterminer un échantillon de consommateurs :

38) Que signifient : Méthode des quotas, Méthode des itinéraires :

39) Citer 5 types de questions utilisées dans un questionnaire d'étude de marché :

40) Citer 2 méthodes pour trier les résultats d'une enquête :

41) Que signifie "panel de consommateurs" :

42) Quels sont 4 avantages de la segmentation :

43) Citer 4 critères pertinents, mesurables et opératoires pour segmenter un marché :

44) Comment calculer une Part de Marché en volume et en valeur :

37) tirage au sort successif, en grappes, systématique, tables de nombres au hasard,

38) modèle réduit de la population de base, choix d'un itinéraire pour administrer un questionnaire,

39) *fermée, ouverte, qcm, avec classement, filtre,*

40) *à plat, tri croisé,*

41) *échantillon représentatif permanent d'une population,*

42) *adapter le Mix marketing, cibler et rentabiliser la communication publicitaire, fidéliser la clientèle, optimiser le géomarketing,*

43) *démographique, géographique, socio-économique, psychologique,*

44) *Quantités vendues de l'entreprise/Quantités vendues du marché, Chiffre d'affaires de l'entreprise/Chiffre d'affaires du marché.*

45) 8 contraintes pour déterminer un prix de vente :

46) Signification de : prix rond, prix magique, prix minimal, prix maximal, prix conseillé :

47) 8 raisons de modifier un prix de vente :

48) 5 contraintes légales en terme de prix :

49) Critères d'allocation d'espace en grande distribution :

50) 3 raisons de référencer un produit dans un point de vente :

51) Pourquoi vendre des services en grandes surfaces :

52) 3 dimensions de l'assortiment :

45) *Coûts (fixes, variables, seuil de rentabilité), type de produit, niveau de gamme, taux de marge, demande, concurrence, mode de distribution, stratégie commerciale (alignement, écrémage, pénétration),*

46) *Se termine par un ou plusieurs zéro, juste en dessous du prix rond, lié à la qualité insuffisante (prix psychologique), lié au prix excessif (prix psychologique), recommandé par le fournisseur,*

47) Quantités vendues, niveau de gamme, date de paiement, temps de livraison, rabais, remise, ristourne, date d'achat (yield management, adaptation du prix en temps réel en fonction de l'offre et de la demande),

48) Vente à perte, ententes, prix non marqué, ancien prix non marqué si rabais, publicité trompeuse,

49) Taux de rotation des produits, espace occupé, indices d'attractivité, indices de sensibilité au chiffre d'affaires et au bénéfice brut,

50) Centrale d'achat, taux de marge, nouveauté, négociations avec les fournisseurs,

51) Se diversifier et être moins dépendant de la vente de produits alimentaires, capter la clientèle par des prix d'appel, concurrencer les commerçants indépendants et les sites internet,

52) Profondeur (multiples références pour une même marque), largeur (multiples familles de produits), longueur (nombre total de références).

D/ Exercices de Marketing

A/ 28% des automobilistes qui ont déjà un autoradio en voudraient un plus performant. 5% des automobilistes ne possèdent pas d'autoradio. Parmi eux, 45% projettent d'en acheter un. 35% des automobilistes installent eux-mêmes leur autoradio. 7 millions de véhicules de tourisme sont en circulation.

Quel est le marché potentiel d'automobilistes qui veulent un autoradio installé par un professionnel ?

A/ *Corrigé* :

Automobilistes sans autoradio : 7.000.000 x 5% x 45% = 157.500 automobilistes qui projetteraient d'en acheter un, Automobilistes avec autoradio : 7.000.000 x 95% x 28 % = 1.862.000 automobilistes qui voudrait changer d'autoradio, (95% = 100% - 5%) 157.500 + 1.862.000 = 2.019.500 x 65% (100% - 35%) = 1.312.675 automobilistes achèteraient un autoradio et le feraient installer.

B/ L'entreprise Chocod'or doit prévoir son budget publicité pour les deux années à venir. En raison de la concurrence, les C.A N+1 et N+2 devraient baisser de 7%.

En année N, le budget publicité représentait environ 4,06% du C.A.

Afin de limiter les charges, Chocod'or souhaite revenir à des budgets de l'ordre de 2,5%.

C.A en année N : 100 millions d'euros.

Quels seront les montants des budgets de publicité en N et N+1 ?

B) *Corrigé* :

C.A N+1 : 93.000.000 (100.000.000 - 7%)
C.A N+2 : 86.490.000 (93.000.000 - 7%)
Budget publicité année N : 4.060.000 (100.000.000 x 4,06%)
Budget publicité année N + 1 : 2.325.000 (93.000.000 x 2,5%)

C/ Quel est le prix hors taxes des produits suivants :
Le prix h.t se calcule en divisant le prix t.t.c par 100% + le % de TVA.
TVA = 20%, le h.t se calculera en faisant : t.t.c/1,20.
Prix de vente t.t.c (TVA 20%) :
. TV grand écran : 890 €,
. SUV Luxury : 39.000 €,
. Aller Retour Paris Londres sur Fly Away : 99 €,
. Une nuit au Motel GoodNight : 59 €,
. Un smartphone Tiptop : 690 € :

C/ *Corrigé* :

.TV h.t : 741,66 €, SUV h.t : 32.500 €, Fly Away h.t : 82,5 €, Motel h.t : 49,16 €, Smartphone h.t : 575 €. Les prix sont comptabilisés hors taxes par une entreprise.
La TVA est collectée sur les ventes et déduite sur les achats. Le solde de TVA est versé chaque trimestre aux services fiscaux.

D/ Un fabricant de cordes en nylon a produit pendant les 5 dernières années :

N : 2.000.000 de mètres, N+1 : 2.400.000 mètres, N+2 : 2.600.000 mètres, N+3 : 2.700.000 mètres, N+4 : 2.800.000 mètres.

La part des cordes exportées a été en :

N/ 800.000 mètres, N+1 : 840.000, N+2 : 860.000, N+3 : 900.000, N+4 : 920.000.

Quel est le taux d'évolution entre chaque année (T1 - T0/T0 x 100) ?

Quel est le taux d'évolution moyen de N à N+4 ?

Quelles est la part de l'exportation en pourcentage pour chaque année ?

D/ *Corrigé* :

N+1 : 20%, N+2 : 8,3%, N+3 : 3,8%, N+4 : 3,7%,
Sur 4 ans : 8,95%,
N : 40%, N+1 : 35%, N+2 : 33,07%, N+3 : 33,33%, N+4 : 32,85%.

E/ Merchandising

E/ La société Amanda est leader des amandes grillées en France, distribuées en grandes et moyennes surfaces.

Population française en métropole : 64.000.000 d'habitants,

Répartition de la population française :

Moins de 15 ans : 25% (10% de consommateurs d'amandes), 15/65 ans : 62% (80% de consommateurs d'amandes), Plus de 65 ans : 13% (85% de consommateurs d'amandes). Consommation française d'amandes : 250 000 tonnes, 75% des français sont susceptibles de consommer des amandes.

En année N, Amanda a vendu en France 75.000 tonnes d'amandes.

Calculer le marché théorique, le marché potentiel et le marché réel en France pour les amandes grillées.

Quelle est la part du marché réel d'Amanda ?

E/ Corrigé :

Marché théorique : 64.000.000 de consommateurs,

Marché potentiel : 48.000.000 de consommateurs (64.000. 000 x 75%),

Marché réel : (64.000.000 x 25% x 10%) + (64.000.000 x 62% x 80%) + (64.000.000 x 13% x 85%) = 40.416.000 consommateurs. (1.600.000 + 31.744.000 + 7.072.000),

Part du marché réel d'Amanda : 75.000 / 250.000 tonnes x 100 : 30%.

F/ A partir des formules de calcul suivantes, calculer la rentabilité des deux marques étudiées en GMS :

. Marge brute = Prix de vente hors taxes - Prix d'achat hors taxes,

. Taux de marque = Marge brute / Prix de vente hors taxes x 100,

. Coefficient multiplicateur = Prix de vente t.t.c / Prix d'achat h.t,

. Bénéfice brut = Marge brute x Quantités vendues,

. Stock moyen = Stock initial + Stock final / 2

. Coefficient de rotation = Quantités vendues / Stock moyen

. Indice d'attractivité du rayon = Indice d'achat / Indice de passage

. Indice de sensibilité par rapport au C.A = %C.A/%L.D,

(L.D = Linéaire développé, linéaire au sol en mètres multiplié par le nombre de niveaux),

. Indice de sensibilité par rapport au Bénéfice Brut = %B.B/%L.D,

. Après le calcul des indices de sensibilité, si les résultats sont supérieurs à 1 : le produit est sous représenté, augmenter son espace dans le linéaire, si les résultats sont inférieurs à 1, le produit est sur représenté, réduire son espace dans le linéaire.
1 ou 100% est la moyenne de la famille de produits.

Vous êtes responsable du rayon Bougies Parfumées de votre point de vente. Vous souhaitez comparer la rentabilité des « Smell+ » et des « Flavor ».
Smell+ : Prix d'achat h.t : 14 €, Prix de vente h.t : 29 €, Quantités vendues : 26.000, L.D : 8 mètres, S.M : 3.200.

Flavor : Prix d'achat h.t : 17 €, Prix de vente h.t : 26 €, Quantités vendues : 23.000, L.D : 6 mètres, S.M : 1.600. Calculer la marge brute, le taux de marque, le bénéfice brut, le coefficient de rotation, la rentabilité du linéaire, l'indice de rentabilité.

F/ Corrigé :

Smell + : Marge brute : 29 - 14 = 15 €, Taux de marque : 15/29 x 100 = 51,72%, B.B : 15 x 26.000 = 390.000 €, C.R : 26.000/3 200 = 8,12, le stock est renouvelé plus de 8 fois sur la période étudiée, R.L : B.B/L.D : 390.000/8= 48.750 € au mètre linéaire, I.R : R.L x C.R/1000 : 48.750 x 8,12 / 1000 = 395,8.

Flavor : M.B : 9 €, T.M : 34,61%, B.B : 207 000 €, C.R : 14,37, R.L : 34.500 € au mètre linéaire, I.R : 495,7.

Compte tenu du C.R, de l'I.R et du L.D, il faudrait augmenter l'espace alloué dans le linéaire à Flavor.

F/ Seuil de Rentabilité

A partir des formules suivantes, calculer le seuil de rentabilité :

. Seuil de rentabilité en volume (Quantités) :   Charges fixes/Marge sur coût variable unitaire

. Marge sur coût variable :   Prix de vente unitaire - Coût variable unitaire

. Seuil de rentabilité en valeur (Euros) :   Charges fixes x Chiffre d'affaires / Marge sur coût variable

. Marge sur coût variable :   Chiffre d'affaires - Charges variables

. Résultat financier : Marge sur coût variable - Charges fixes

. Date du seuil de rentabilité : Seuil de rentabilité en valeur x 360 / Chiffre d'Affaires

. Analyse différentielle :   C.A - CV = MCV - CF = Résultat (Perte ou Bénéfice)

◆◆◆

. Les charges variables dépendent de l'évolution du chiffre d'affaires (primes des commerciaux, matières premières),

. Les charges fixes ne dépendent pas du chiffre d'affaires et sont comptabilisées même si l'entreprise ne vend aucun produit, (location, énergie, salaires).

PlaySoft souhaite commercialiser un nouveau jeu vidéo à 390 €. Le coût variable unitaire est de 210 €. Les coûts fixes s'élèvent à 700.000 €. Les ventes sont estimées à 80.000 unités.

1) Quel sera le seuil de rentabilité en volume et en valeur ?

2) Si le coût unitaire augmente de 26 %, quel devra être le prix de vente du jeu vidéo ?

3) Quel sera le résultat financier si 80.000 unités sont vendues ?

4) Quel sera le résultat net après impôt (36% de taxation) ?

Corrigé

1) Seuil de rentabilité en volume : 700.000/180 = 3.889 packs environ. A ce niveau de vente, l'entreprise ne fait ni perte ni bénéfice.

Seuil de rentabilité en valeur :

3.889 packs x 390 = 1 516 710 €.

Si utilisation de la formule : CA x CF / MCV, 31.200.000 x 700.000 / 14.400.000 = 1.516.666 €. La légère différence de résultat est normale et résulte des arrondis.

2) Sachant qu'une augmentation des coûts provoque une augmentation du prix de vente dans la même proportion : 390 x 1,26 = 491,4 €

3) Sans changement de prix de vente et de coût variable,

C.A : 31.200.000 (390 x 80.000),

C.V : 16.800.000 (210 x 80.000),

MCV : 14.400.000 (180 x 80.000)

MCV = C.A - C.V

CF : 700.000

R : 13.700.000 € (Bénéfice)

4) 13.700.000 x 0,64 (100 - 36) = 8.768.000 €

Si vous recherchez davantage de calculs de marketing, nous vous recommandons "Marketing Calculations".

G/ Culture Publicitaire

Le Saviez-vous ?

1) Classer de un à onze par ordre décroissant d'investissement publicitaire ces différentes techniques de communication :
Publicité évènementielle, annuaires professionnels, marketing direct, télévision, presse, promotion des ventes, relations publiques, affichage, radio, internet, cinéma.

1) Publicité évènementielle(5), annuaires professionnels(8), marketing direct(1), télévision(4), presse(3), promotion des ventes(2), relations publiques(6), affichage(7), radio(9), internet(10), cinéma(11).

2) D'après les initiales suivantes, retrouver les différentes techniques de Marketing Direct :
P, T, M, e.M, V.M, B.M, S.P, N.V, N.A, N.I, SMS, MMS.

2) Publipostage, téléphone, mailing, emailing, vidéo mailing, bus mailing (publipostage groupé), salon professionnel, numéro vert, numéro azur, numéro indigo, short message system, multi media system.

3) Quel est le classement des six grands médias par ordre décroissant d'investissement publicitaire ?

3) Presse, télévision, affichage, radio, internet, cinéma.

4) Quels sont les concurrents qui font baisser l'audience des chaînes de télévision classiques ?

4) *Vidéo à la demande, plateforme vidéo en streaming, internet, chaînes de la TNT.*

5) Retrouver les supports de communication auxquels correspondent les coûts publicitaires suivants : (Prix moyen par support pour un passage, en radio : spot de 15 secondes, à la télévision : spot de 30 secondes)
15.000 € une page quadri, 22.000 € une page quadri,
4.500 € les 15 secondes, 45.000 € les 30 secondes,
105. 000 les 30 secondes, 3.200 € le 4 x3 pendant 7 jours à Paris, 3 millions de dollars les 30 secondes.

5)15.000 € une page quadri (Presse Magazine), 22.000 € une page quadri (Presse Quotidienne), 4.500 € les 15 secondes(Radio), 45.000 € les 30 secondes (Télévision Française), 105.000 les 30 secondes (Télévision américaine), 3.200 € le 4 x3 pendant 7 jours à Paris(Affichage), 3 millions de dollars les 30 secondes (SuperBowl aux USA).

Une page quadrichromie est le format des imprimeurs pour une page en couleur avec les quatre couleurs de base : noir, jaune, rouge, bleu.

Une page bicolore sera : noir-blanc ou noir-rouge ou noir-bleu.

Le SuperBowl est la finale de football américain aux U.S.A.

6) Quelles sont les 4 techniques de communication institutionnelle ?
7) Quelles sont les 4 cibles de la communication institutionnelle ?

6) Parrainage, mécénat, sponsoring, patronage,

7) Milieux financiers, personnel de l'entreprise, clients, pouvoirs publics.

Vrai ou Faux

1) Un distributeur de meubles a placé dans le métro des affiches constellées d'étiquettes adhésives que chaque passant pouvait décoller :

2) Un site de voyages sur internet a organisé un canular en plaçant des pop-up (publicité surgissante) qui annonçaient la construction d'un tunnel transatlantique entre Paris et le port de New York :

1) Vrai, 2) Vrai.

3) Une marque de déodorant a organisé des combats de karaté afin de promouvoir ses produits dans des hypermarchés :

4) Un constructeur automobile a distribué plus de 25.000 fausses contraventions offrant des gadgets de la marque :

5) Une boisson parfumée au poivre a utilisé des affiches interactives. Chaque fois qu'un passant approchait du panneau d'affichage, l'affiche éternuait :

6) 85% des français écoutent la radio au moins une fois par jour :

7) Le taux de retour d'un email très ciblé peut atteindre 20% :

8) L'expression Spam provient d'une marque de jambon anglais :

9) Lors des publicités à la télévision ou à la radio, le volume sonore augmente de 20% :

10) Le tarif publicitaire le plus cher est le créneau 19h50/20h juste avant le journal télévisé :

3) Vrai, 4) Vrai, 5) Vrai, 6) Vrai, 7) Faux, 1%, 8) Vrai, 9) Vrai, 10) Vrai.

Le Saviez-vous ?

11) Que représentent les investissements publicitaires au cinéma en pourcentage ?

12) Quel est le nombre de tickets de cinémas vendus en un an ?

13) Quelles sont ces émissions de télévision les plus anciennes :

.57 ans, les 5 minutes les plus regardées chaque jour par les français, .55 ans, la grande boucle la plus suivie chaque été, .54 ans, l'information à la télévision, .47 ans, chaque dimanche.

11) 1%,
12) 200 millions/an,
13) Météo, tour de France, journal de 20h, émission sportive.

14) Les 3 principaux annonceurs publicitaires au cinéma ?

14) Grande distribution, Constructeurs automobiles, Confiseries.

1) Les frères Lumière créent le cinéma en : 1890, 1892, 1895,

2) Le premier film sonore "The Jazz Singer" date de : 1927, 1929, 1932,

3) La première superproduction "Autant en emporte le vent" est présentée en : 1936, 1938, 1939,

4) Le premier film en son Dolby "Orange Mécanique" est réalisé en : 1970, 1972, 1971,

5) Le premier dessin animé 100% ordinateur a été :

6) Le magnétoscope VHS s'impose en : 1975, 1978, 1977,

7) Les lecteurs DVD prennent la moitié du marché de la vidéo dès : 2000, 2001, 2002,

8) Le premier film tout numérique "Vidocq" date de : 1999, 2000, 2001,

9) Que signifie DVD ?

10) Un film à succès est un blockbuster, quelle est l'origine de cette expression ?

11) Que signifie Wi-Fi ?

1) 1895, 2) 1927, 3) 1939, 4) 1971, 5) Toy Story, 6) 1977, 7) 2001, 8) 2001, 9) Digital versatile disc, 10) Puissante bombe capable de faire exploser un pâté de maison, 11) Wireless Fidelity (Réseau sans fil).

12) Quel est le nom de la méthode publicitaire qui consistait à intercaler des images ultrarapides de marques dans un spot télévisé que le spectateur enregistrait inconsciemment ? 13) Que signifient PQR, PQN ?

14) Quel est le pays européen qui compte le plus de lecteurs de quotidiens ?

15) Quel est le quotidien le plus lu dans le monde ?

12) Images subliminales,
13) Presse quotidienne régionale, presse quotidienne nationale,
14) Le Royaume-Uni, 15) L'Asahi Shimbun (Japon).

Vrai ou Faux

1) Time Magazine est la revue d'information la plus ancienne en Occident :

2) La grande distribution n'a pas le droit de faire de la publicité à la télévision :

3) Les bandes dessinées sont les livres les plus vendus en G.M.S :

4) Les cadres actifs de 25/35 ans sont les premiers spectateurs au cinéma :

1) Vrai, 2) Faux, 3) Faux, guides touristiques, 4) Faux, séniors.

H/ Rappels de Cours

Le marketing est l'art de vendre au consommateur ce qu'il souhaite acheter. De nombreuses entreprises dépensent donc des fortunes en étude de marché, recherche et développement, communication et force de vente afin d'imposer leurs nouveautés. Le taux d'échec des nouveaux produits étant élevé, certains services marketing tentent de revenir à des méthodes moins onéreuses et plus respectueuses du développement durable.

Les manuels de marketing enseignent souvent qu'il faut flatter le client, son ego et manipuler son besoin inné de reconnaissance. L'achat statutaire ou le snob effect sont des classiques du Marketing. J'achète, donc je suis. Tous les produits de luxe utilisent cette méthode. Les marges sont confortables et le client est satisfait.

La pyramide de Maslow, les socio styles, les études de marché ont pour but de comprendre les raisons d'achat des consommateurs toujours plus volatiles et infidèles. Le manque de temps, les plateformes électroniques, le choix infini proposé par internet rendent le client toujours plus exigeant et inconstant. Jamais les clients n'ont eu autant de choix. Le marketing semble donc indispensable. Mais confondre commerce et profit à court terme ne permet pas de pérenniser une entreprise et sa gamme de produits/services. Nombre d'entreprises ont mis des années à rentabiliser de nouveaux produits afin d'acquérir une clientèle satisfaite et fidèle. Le Marketing souvent décrié n'est pas une solution magique pour vendre. Il s'agit d'actions coordonnées, organisées et dosées suivant le temps et le type de client.

Dans un marché libre avec une forte concurrence, le Marketing permet souvent aux entreprises de survivre et de se développer. L'abus de Marketing peut aussi étouffer un marché.

La difficulté d'un service marketing est donc de trouver un subtil équilibre entre besoin de vendre, de résister aux concurrents, de lancer des nouveautés et de communiquer avec authenticité. Etudier le marché peut inclure des dépenses somptuaires. La participation de panélistes, d'enquêteurs, de psychologues permet de mieux cerner les attentes des consommateurs. Les techniques basées sur le hasard ou la reproduction dans un échantillon de la population mère ont fait leurs preuves.

Mais cet acharnement à toujours tout étudier peut aussi mener à des changements de comportement soudains et imprévus. L'exemple actuel est le divertissement par streaming. Les grandes chaînes de télévision ont largement usé et abusé de la publicité et ont formaté nombre de programmes en fonction des attentes des spectateurs. Le résultat est que de nombreux foyers refusent désormais la télévision classique ou la regardent beaucoup moins. Le streaming a éliminé la publicité. La vidéo à la demande a éliminé le choix imposé et limité des programmes. La liberté de choix l'a emporté. Le spectateur ne peut plus être considéré comme un acteur passif qui ingurgite des publicités sans réfléchir. Ce temps est révolu.

Internet et ses multiples sites ou plateformes redonnent également le pouvoir aux clients. Un seul clic et il change de fournisseur. Cette multiplicité de l'offre change l'attitude des clients. Abuser à nouveau de la publicité sur internet est un réflexe classique qui aboutira aux mêmes effets. Certaines entreprises refusent même désormais de faire de la publicité. Leur principe est de baser toute leur stratégie sur la qualité du service rendu, l'accueil dans le point de vente et le bouche à oreille positif. Même s'il peut s'agir d'une évidence, la qualité de l'accueil du client dans le point de vente est déterminante, et parfois oubliée.

Certains dirigeants d'entreprises de services estiment d'ailleurs qu'il vaut mieux d'abord former, motiver et encadrer correctement ses équipes plutôt que de dépenser des sommes astronomiques en publicité. De grands groupes de services ont parfois découvert tardivement que dépenser des millions d'euros en publicité avait des effets limités si le personnel ne se sentait pas concerné et reconnu. Investir sur le capital humain est souvent beaucoup plus efficace. Toutes les techniques de Management inspirées d'Organisational Behavior visent à développer l'épanouissement des employés. Si mon salarié est satisfait de son activité, le client s'en rendra compte et mes ventes augmenteront. Raisonnement basique mais souvent très efficace.

Commencer par croire en ses employés, leur faire confiance, leur donner les moyens d'apprendre et de comprendre permet de limiter les budgets Marketing toujours plus extensibles. Le Management et le Marketing sont liés. Vendre sans maîtriser les méthodes commerciales est long et difficile. Mais vendre avec un personnel convaincu et concerné est encore mieux. Vendre un produit sans vendeur et sans communication est souvent compliqué et périlleux, mais de multiples entreprises ont fait le choix de la qualité et ont réussi à convaincre sur le long terme. Le plus difficile n'est pas de vendre une fois mais de renouveler la vente. Faire revenir le client est une démarche complexe. La qualité du personnel commercial est vitale. Les métiers de la vente sont parfois négligés mais comment faire du Marketing sans n'avoir jamais rien vendu.

Le Marketing reste l'art de vendre. Tous les artifices qui entourent le commerce et ses multiples stratégies sont souvent un décor attirant mais rien ne remplace un bon commercial. Le nerf de la guerre est le chiffre d'affaires et surtout la marge opérationnelle. Vendre en bradant ses produits est une solution sans lendemain. Recruter des commerciaux efficaces a toujours été délicat mais les changements actuels et les nouvelles technologies montrent l'urgence de faire confiance à ses vendeurs.

Apprendre à s'exprimer correctement, à argumenter, à faire preuve d'une grande ténacité, à innover sont des atouts pour toutes les professions dans une entreprise. La vente mène au Marketing. Le Marketing mène au client.

Comme toutes les sciences, le Marketing est indispensable mais n'est pas une potion magique. Apprendre à en maîtriser les techniques est très utile pour développer son activité commerciale mais en abuser mène parfois au déclin rapide. Le Marketing permet avant tout de vendre. Rien n'empêche de respecter ses employés, de respecter ses clients et de faire du commerce avec des produits de qualité et un service efficace. Ce livre a pour but de vous aider à mémoriser toutes ces techniques de vente. Longue vie à la vente.

I/ Mots Croisés

Communication publicitaire

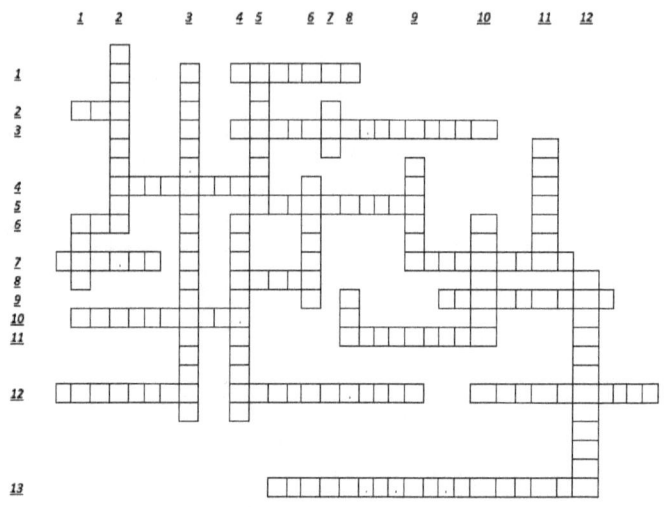

Horizontalement :
1. Ancêtre d'internet, 2. Multi Media System, 3. Réseaux amicaux, 4. Moins fixe que portable, 5. Divertissement préféré des français, 6. Short Message System, 7. Publicité surgissante, 4 X 3, 8. Surtout écoutée en voiture, 9. Celui qui fait de la publicité, 10. Diffusion en continu sur internet, 11. Emission T.V tous les matins, 12. Nombre de spectateurs, numéro gratuit, parrainage, 13. V.O.D.

Verticalement :
1. Annonce publicitaire, 2. Distribué dans les boîtes aux lettres, 3. Porte de Versailles, 4. Portable intelligent, 5. Réseau d'échanges mondial, 6. Ancêtre du DVD, 7. Publicité urbaine, 8. Chaînes T.V numériques, 9. 200 millions d'entrées par an, 10. Financement d'actions artistiques, 11. Publipostage, 12. Mailing.

Corrigé

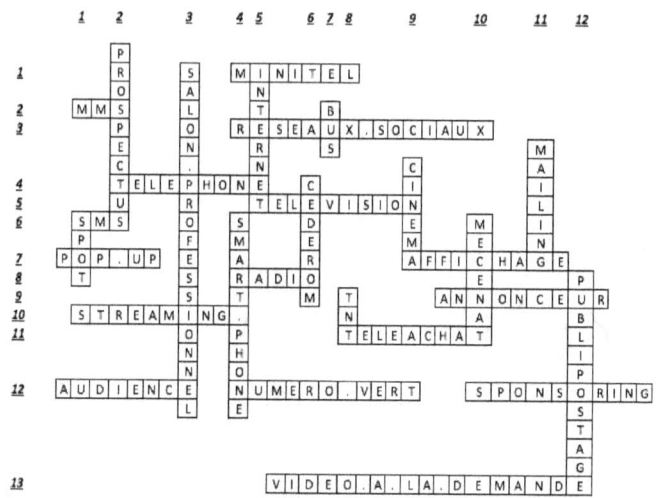

Stratégie Produit

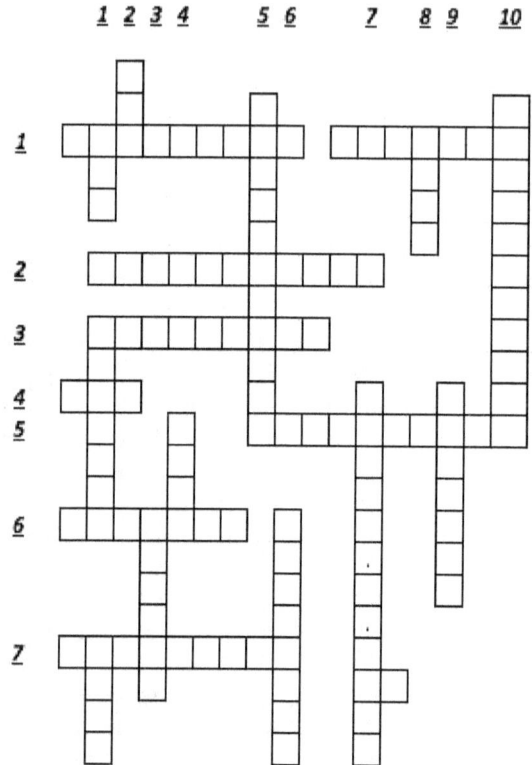

Horizontalement :

1. Au-dessus de la marque Ombrelle, Marque célèbre, 2. Profitabilité, 3. Emballage-Conditionnement, 4. Label de qualité, 5. Ce que représente la marque, 6. Multitude d'offreurs, 7. Complément de l'image, 8. Label agricole.

Verticalement :

1. Norme de l'ONU, fabrication de l'entreprise, office de normalisation en Europe, 2. Célèbre matrice de stratégie, 3. Pyramide des besoins, 4. Protection des marques et brevets, 5. Compréhensible dans une langue étrangère, 6. Groupe de Marques, 7. Produit le plus rentable, 8. Protection mondiale des marques et brevets, 9. Futur incertain, 10. Facile à retenir.

Corrigé

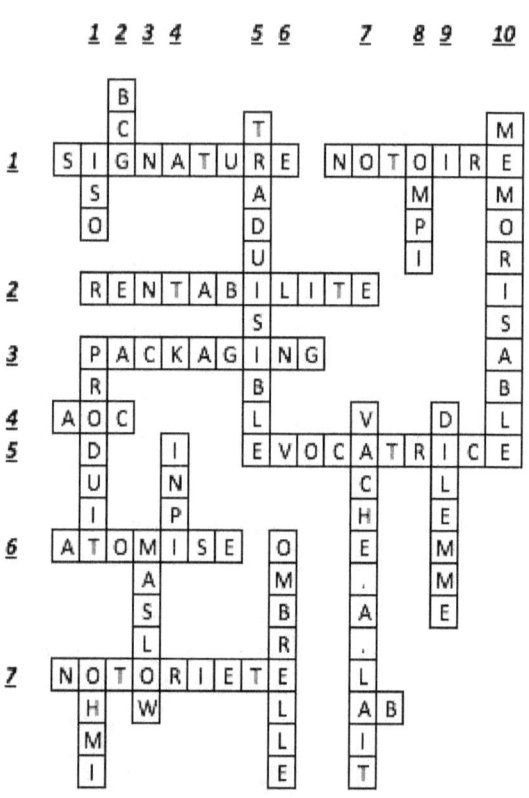

Prix et Distribution

Horizontalement :

1. Association de consommateurs, 2. Prix fixé juste en-dessous du prix rond, 3. Liaisons distributeurs-fournisseurs, 4. Hyper et supermarchés, 5. Loue son enseigne au franchisé, 6. Principal organisme de défense des consommateurs, 7. Méthode de vente interdite, 8. Dosage des actions marketing, 9. Prix sans décimale, 10. Le Mix en français, 11. Livraison des courses dans la voiture, 12. Ne pas vendre au-delà.

Verticalement :

1. Evite de se déplacer dans le point de vente, 2. Détermination du prix de vente par enquête, 3. Faire le même prix que les concurrents, étiquette à radio fréquence, 4. Protection et actions des consommateurs, 5. Stratégie de prix pour produits de luxe, 6. Multiples références pour une même marque, 7. Liste de produits.

Corrigé

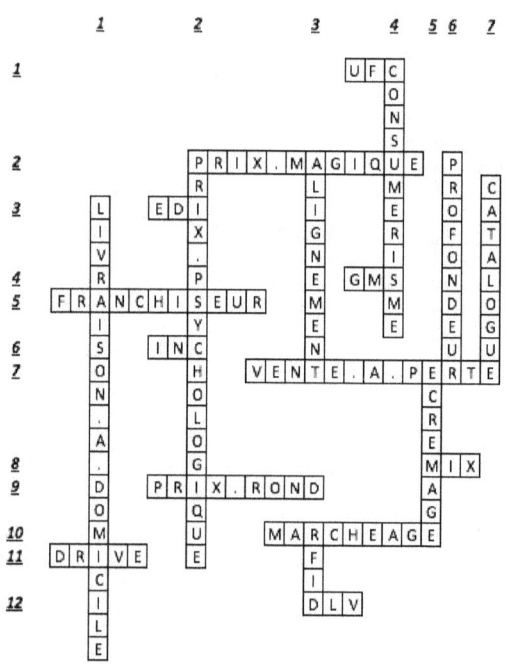

◆◆◆

Etude du Marché

Horizontalement :
1. Etudiés dan la pyramide de Maslow, 2. Besoins vitaux, 3. N'achèteront jamais un produit, 4. Marché de proximité, 5. Susceptibles d'acheter le produit prochainement, 6. Marché des fournisseurs, 7. Inconnue du Monopole, 8. Motivation basée sur le besoin de reconnaissance.

Verticalement :
1. Dernier échelon de la pyramide de Maslow, 2. Besoin de se loger, de se vêtir, marché exploitable par l'entreprise, 3. Seul sur son marché, Consommateur lié à une entreprise, 4. Client grand public, 5. Se faire plaisir, 6. Faire plaisir aux autres, 7. Nécessaires pour analyser un marché.

Corrigé

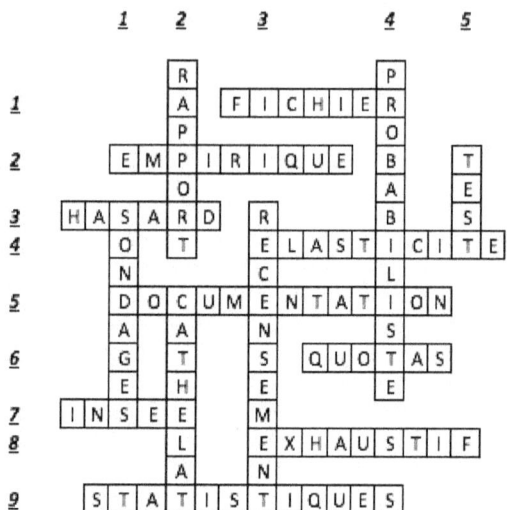

J/ QCM de Cours

1) Une marque doit être :
a. Evocatrice, mémorisable, lisible, déclinable, traduisible,
b. Ne peut être louée ou vendue,
c. Peut être représentée par un logo, un sigle, un mot, une musique,
d. Peut induire le consommateur en erreur.

2) Une marque ombrelle est :
a. Utilisée en cas d'intempéries,
b. Une marque de référence pour plusieurs marques produits,
c. Souvent dépendante d'une marque signature (holding industriel),
d. Une marque de distribution.

3) L'Institut National de la Propriété Industrielle (INPI) :
a. Permet de protéger une marque pour 10 ans,
b. Permet de protéger un brevet pour 20 ans,
c. Est une garantie pour se protéger de la contrefaçon,
d. Permet de protéger une marque dans le monde entier.

4) Une entreprise peut utiliser une marque existante :
a. Sans aucune démarche particulière,
b. Si son secteur d'activité est différent,
c. En négociant avec les propriétaires,
d. En louant ou en achetant cette marque.

1) *a. c.,*
2) *b. c.,*
3) *a. b.,*
4) *b. c. d.*

5) Le packaging permet de :
a. Protéger les produits contre les agressions extérieures,
b. Communiquer avec le consommateur,
c. Faciliter le transport et la manutention,
d. Placer rapidement les produits dans les linéaires.

6) L'amélioration de la qualité d'un produit permet :
a. De multiplier les ventes par trois,
b. D'éliminer les concurrents,
c. D'améliorer la sécurité et la modernité d'un produit,
d. De séduire le consommateur et déclencher l'achat.

7) Un produit de discontinuité est :
a. Un produit existant qui a été amélioré,
b. Un produit en phase de maturité,
c. Un produit révolutionnaire et inédit,
d. Un produit dont le contenu a changé.

8) La matrice du BCG signifie :
a. Better Consumer Guarantee,
b. Boston Community Graduate,
c. Boston Consulting Group,
d. Boston Consulting Great.

5) *a. b. c. d.,*
6) *c. d.,*
7) *c.,*
8) *c.*

9) La matrice du BCG permet :
a. D'analyser un portefeuille produit et leur rentabilité,
b. De calculer le seuil de rentabilité,
c. De prévoir les produits à promouvoir et développer,
d. De connaître le résultat net de l'entreprise.

10) La matrice du BCG regroupe 4 types de produits :
a. Les produits leaders, régulateurs, rentables et en déclin,
b. Les produits dilemmes, poids morts, vedettes et vaches à lait,
c. Les produits stars, question mark, cash cows et dogs,
d. Les produits en recherche, lancement, maturité et déclin.

11) La matrice SWOT permet :
a. De préparer une stratégie super, wonderful, originale et top,
b. De connaître les forces, faiblesses, opportunités et menaces,
c. D'analyser l'audience d'un support de presse,
d. De déterminer les strenghts, weaknesses, opportunities et threats.

12) Le diagramme de Porter permet :

a. D'analyser les menaces des nouveaux entrants,
b. D'anticiper les produits de substitution,
c. De connaître l'intensité de la concurrence,
d. De préparer une campagne d'emailing.

9) *a. c.,*
10) *b. c.,*
11) *b. d.,*
12) *a. b. c.*

13) Le schéma PESTEL permet :
a. De connaître l'évolution du marché à court terme,
b. D'analyser les Problèmes, Equations et Travaux Elémentaires,
c. De créer un réseau PERT,
d. Entre autres, d'analyser les aspects Politique, Economique et Sociologique d'un marché.

14) L'Analyse de la valeur permet :
a. De connaître la valeur d'utilité et la valeur de rareté d'un produit,
b. De mesurer la valeur d'estime et d'échange d'une marchandise,
c. De connaître la valeur d'usage d'un produit ou service,
d. De mesurer le taux de change d'une devise.

15) Le concept du Low Cost a été inventé :
a. Par des compagnies aériennes à bas coût,
b. Par des distributeurs aux prix bas,
c. Par des entreprises fabriquant en Chine,
d. Par des contrôleurs de gestion.

16) Une cible de communication :

a. Incorpore les acheteurs potentiels,
b. Incorpore les acheteurs potentiels plus les relais de communication,
c. Incorpore les consommateurs réels et potentiels,
d. Incorpore les consommateurs relatifs et absolus.

13) d.,
14) a. b. c.,
15) b. hard discounter,
16) b.

K/ Etudes de Cas

Ces cas sont préparés en binômes ou en équipes.
Une présentation orale est effectuée à l'aide d'un ordinateur et des logiciels classiques.

A/ <u>Cas « Fast Food »</u>

Selon vous et en fonction de vos différentes recherches sur internet :

1/ Pourquoi « Fast Food » a-t-il quitté le marché français en 1997 ?

2/ Quelle est la stratégie de « Fast Food » au niveau international, particulièrement en Europe et surtout en France ?

3/ Quelle est votre opinion sur la nouvelle stratégie adoptée par « Fast Food » en France ?

4/ Si vous étiez consultants en stratégie pour « Fast Food », quelles seraient vos 5 recommandations commerciales pour se développer en France et s'adapter au consommateur français ?

5/ Afin de créer un Buzz sur les réseaux sociaux, vous devez créer un sketch publicitaire comparatif et satirique valorisant « Fast Food 1 » contre « Fast Food 2 ».

Ce sketch est illustré par un diaporama.

B/ Cas « Air Plane » :

1/ Expliquer et présenter le positionnement du Groupe « Air Plane » dans une matrice SWOT et un schéma de Porter,

2/ Expliquer la stratégie marketing « d'Air Plane » à l'international – quelles sont les techniques de vente des commerciaux d'Air Plane ?

3/ Proposer deux slogans publicitaires pour « Air Plane » à l'export.

4/ Préparer un scénario publicitaire d'un spot TV d'une minute pour l'avion XXX d'Air YYY qui relie quotidiennement Paris à New York – tous les membres de chaque équipe présentent ce spot en fin de séance.

Le contexte, le scénario et les dialogues du spot sont rédigés.

C/ Cas « DélivExpress » :

1/ Expliquer le positionnement du Groupe DEX dans une matrice ANSOFF et expliquer l'environnement de l'entreprise dans un schéma PESTEL.

2/ Expliquer la stratégie marketing de DEX à l'international et particulièrement en Europe. Comment pourraient réagir les concurrents de DEX pour résister à cette offensive commerciale intense ?

3/ Proposer deux slogans publicitaires pour DEX en anglais et 3 nouveaux services destinés aux clients français de DEX.

4/ Préparer un diaporama de 5 visuels (photos, schémas…) incluant des informations publicitaires et un slogan commercial.

Ce diaporama sera diffusé par MMS sur les smartphones des clients fidèles de DEX.

D/ <u>Cas « HyperMarket »</u> :

Assistant(e)s marketing dans la société "Shopping-Line", vous devez conseiller HyperMarket pour un nouveau projet.

Intéressé par le principe des distributeurs automatiques HyperMarket souhaite créer un distributeur extra-large de produits alimentaires.

Avant de se lancer sur le marché français, HyperMarket souhaite effectuer un "market-test" en Angleterre.

1/ Rappeler la structure actuelle du commerce de proximité en Angleterre.

2/ Quelles sont les caractéristiques des attitudes et comportements des hommes d'affaires anglais.

3/ Après avoir choisi un nom pour ce nouveau distributeur ainsi qu'un slogan publicitaire apposé sur ces machines, vous devez créer une maquette en 3D de ce projet (Maximum : 20 cm de large, 15 cm de profondeur, 20 cm de hauteur) en papier/carton ou sur ordinateur.

4/ Afin de promouvoir ce distributeur, une PLV sera disposée sur les caisses des hypermarchés YYY - créer cette PLV (format A4) en papier/carton ou sur ordinateur.

5/ Un spot publicitaire de 2 minutes sera diffusé dans les salles de cinéma de Londres et sa région. Rédiger un scénario et préparer une vidéo publicitaire pour votre nouveau distributeur automatique.

L/ Sales Simulations

. Teamwork,

. Using the website of « Amusement Park » :

- Prepare an argument list with 6 objections and 6 reasoned answers for the « Amusement Park » and a specific business convention organised by « PubliStar » (advertising agency in France).

- Prepare a sales record (one page) including the 10 strengths of « Amusement Park Business Solutions » in order of interest for the customer,

- Prepare a sales simulation with the following themes to be developed :

1 / As a Sales Manager of « Amusement Park Business Solutions », you must face a very demanding prospect with a high potential turnover : « PubliStar » a worldwide advertising agency based in Paris. This company wants to organize a convention for all its European and American subsidiaries in the Amusement Park. The representatives of this agency are particularly arrogant and require very stringent conditions from « Amusement Park Business Solutions ». Several clashes took place at the beginning of the interview, especially regarding the price.

Given the tense situation, prepare a sales simulation lasting 15 minutes including a win-win agreement at the end of the simulation. All the members of each team attend the simulation during the oral presentation (at least 2 buyers and 2 sellers).

2 / As a Sales Managers at World Luxury Services, you receive very wealthy potential customers from Switzerland. These services are very complex to organize (imagine any kind of service in your sales scenario). Very disappointed by a previous experience with WLS, these prospects require tough conditions and excellent services. The objective of WLS will be to satisfy even the strangest and special requirements of these clients.

Prepare a sales simulation lasting 15 minutes including a win-win agreement at the end of the simulation. All the members of each team attend the simulation during the oral presentation (at least 2 buyers and 2 sellers).

3 / CoffeeStar asks you to convince business leaders of your business area to buy a breakfast package for their executives. You must present to the class a 3-minute speech about this new service. You may look like a politician or an artist speaking enthusiastically to a crowd of admirers.

M/ Cas en Management

. Etude de cas en équipes (5 étudiants au maximum par groupe),

. Un dossier par équipe,

1/ US Bank Nouveau réseau bancaire aux Etats-Unis, la US Bank propose un nouveau mode de distribution bancaire avec un management très innovant. Intéressés par le marché français, les dirigeants de la US Bank voudraient ouvrir des agences dans les grandes villes françaises.

1/ Quelle est votre opinion sur les méthodes de formation du personnel et de management de la US Bank ?

2/ Que pensez vous du "Wow Program" ?

3/ Pensez vous que les principes de management de la US Bank pourraient s'appliquer en France ?

4/ Quels types d'encouragement et de système de motivation proposeriez vous pour stimuler les futurs managers français ?

5/ Afin de participer à des programmes sociaux ou humanitaires, que pourrait proposer la US Bank en France ?

2/ Martin and Martin : En tant que consultants de PCG (Paris Consulting Group), vous avez été contactés par le groupe M2. Ils souhaitent utiliser les dernières méthodes de management dans une nouvelle filiale en Europe. Ils vous demandent de proposer de nouvelles idées et d'imaginer l'entreprise idéale. En fonction de vos connaissances personnelles et même de vos rêves en management, quelles seraient vos recommandations pour les points suivants :

. Lieu d'implantation de l'entreprise : Pays, ville, quartier,
. Types et design des bureaux (plan, disposition, matériaux, équipements...),
. Liens hiérarchiques,
. Types de relations entre managers et subordonnés,
. Style de leadership,
. Système de rémunération et de récompense,
. Types de relation avec les syndicats,
. Gestion du stress dans l'entreprise.

Afin de recruter des managers performants, vous devez également préparer une annonce de recrutement qui sera diffusée sur les chaînes d'information en continu. Rédiger un scénario de 30 secondes (contexte, dialogue, mise en scène), puis jouer le spot devant la classe.

Quiz de Marketing – Partie II

A/ Culture Marketing

(Vrai ou Faux)

1/Chez certains fabricants de biscuits, des consommateurs testeurs sont chargés de croquer les multiples produits de la gamme. Les crissements et les craquements sont enregistrés par un « croustillomètre » :

2/ Chaque Année, pendant les fêtes de Noël, certaines marques proposent des produits exceptionnels :

a : un maxi pot de 3 kg de pâte à tartiner au chocolat et aux noisettes :

b : une bouteille minérale en forme de montagne sculptée :

c : des notes adhésives en forme d'étoiles :

d : un container de 4 litres de soda au caramel :

e : un crocodile gélifié de un mètre de haut :

f : un paquet géant de fines tiges au chocolat :

g : un repas big size dans un fast food américain, incluant un litre de soda et un hamburger à quatre étages :

3/ A l'origine le hamburger fut inventé par les créateurs américains de la restauration rapide :

4/ Certains supermarchés aux Etats-Unis sont ouverts 24 heures/7 jours :

5/ Un grand magasin luxueux de Londres a organisé une animation particulière. Pendant une semaine, une « vraie famille » vaquait à ses occupations dans une vitrine :

6/ En litres par personne, voici le classement décroissant de la consommation de sodas dans le monde :
Etats-Unis, Mexique, Allemagne, Espagne, France.

7/ Le soda « light » est une particularité française. Il est la traduction du soda « diet » afin de ne pas donner une connotation négative au produit :

1/ Vrai, l'analyse des bruits et des odeurs permettent de valoriser une marque dans l'inconscient du consommateur,

2/a, Vrai – b, Vrai – c, Vrai – d, Faux – e, Faux – f, Vrai – g, Faux,

Ces opérations promotionnelles favorisent la notoriété de la marque et augmentent sa visibilité. Certains de ces packagings « hors du commun » sont conservés plusieurs mois par les acheteurs.

3/ Faux, par les immigrés allemands originaires de Hambourg qui s'installèrent aux USA au 19ème siècle. Ils mangeaient régulièrement des sandwichs garnis de viande hachée,

4/ Vrai, ce concept permet de lutter contre la concurrence d'internet et le « click and collect ».

5/ Vrai,

6/ Vrai,

7/ Vrai.

8/ Créée en 1921 dans le Jura, la « crème de gruyère », vendue désormais en portions individuelles, était vendue à l'origine en vrac dans une boîte métallique :

9/ La « crème de gruyère » est consommée :

a : au Japon en bloc de 500 grammes afin de cuisiner des « cheesecakes »,

b : au Moyen-Orient, en crème liquide pour le petit déjeuner,

c : en Amérique du nord en bombe aérosol.

10/ Dans certaines chaînes de magasins en Extrême-Orient, les employés commencent leur journée de travail par des chansons à la gloire du Pdg :

11/ Dans certains supermarchés d'Amérique du Nord, des hôtes d'accueil sont placés à l'entrée du magasin afin de sourire aux clients et leur fournir un chariot :

12/ Les odeurs apaisantes les plus souvent diffusées par certains points de vente sont le citron vert, le cèdre et la lavande :

13/ Sur certains sites internet, il suffit de cliquer sur un produit pour en sentir l'odeur :

14/Certains parfums diffusés dans un centre-commercial permettent d'apaiser le stress des consommateurs et d'augmenter les ventes :

15/ Certains parcs d'attraction ont déjà testé des gaz hilarants afin de créer une ambiance joyeuse et détendue :

16/ Des psychologues utilisent parfois l'hypnose afin de faire imaginer de nouveaux produits à des consommateurs « cobayes » :

8/ Vrai,

9/a, Vrai – b, Vrai, - c, Faux,

10/ Vrai,

11/ Vrai,

12/ Vrai, le marketing sensoriel fait partie intégrante de la démarche commerciale. Il faut y ajouter la musique, les couleurs de la décoration, le merchandising et l'accueil du personnel.

13/ Faux,

14/ Vrai,

15/ Faux,

16/ Vrai.

(Le Saviez-Vous ?)

1/ A l'origine, pourquoi les vitres de certaines « Deux chevaux » étaient en deux morceaux et s'ouvraient vers l'extérieur :

2/ Quels véhicules américains furent adaptés en Europe dans les années 90 et transformés en monospace afin de transporter toute la famille :

3/ Dans quelle phase de vie se situent les produits suivants (Lancement, croissance, maturité, déclin) :

a : Moteurs automobiles à hydrogène,

b : Vélos électriques,

c : Ecrans plats géants,

d : Produits bios,

e : Appareils photos à pellicule argentique,

f : Micro-ondes,

g : Home cinéma,

h : Cabine téléphonique.

4/ Quelle est la marque générique (marque déposée devenue un nom commun) qui correspond aux produits suivants :

. Stylo à bille, réfrigérateur, cyclomoteur, liquide effaceur, autocuiseur, surligneur, mouchoir, nettoyeur haute pression, sauce tomate, message téléphonique, canot à moteur.

5/ Est-il possible de créer une marque sans la protéger dans un organisme officiel :

6/ Quel est le coût moyen pour une grande entreprise afin de créer une marque totalement nouvelle :

7/ Quelles sont les principales techniques utilisées afin de rechercher une nouvelle marque :

1/ Afin de pouvoir sortir le bras et faire clignotant,

2/ Les Vans,

3/a, Lancement – b, Croissance – c, Croissance – d, Croissance – e, Déclin – f, Maturité – g, Maturité – h, Déclin.

4/ Ces marques sont passées dans le langage commun et sont au libre choix de nos lecteurs.

5/ Oui, il n'est pas obligatoire de déposer sa marque dans un organisme officiel mais vivement recommandé. L'objectif est de se protéger de la concurrence, d'éviter les contrefaçons et de pérenniser un savoir faire.

6/ Pour certaines marques de grandes entreprises, les budgets peuvent avoisiner les 100.000 euros.

7/ Brainstorming (réunion « tempête de cerveaux), logiciel de création, suggestions de linguistes, consommateurs panélistes, concours créatifs.

(Vrai ou Faux)

1/ Les fast-foods nourrissent plus de 10 % de la population mondiale chaque jour :

2/ Chaque année, plus de 45.000 managers sont diplômés de la Hamburger University à Chicago :

3/ Le plus grand fast-food au monde est installé à l'aéroport de Francfort. Il compte 800 places assises et sert 5 millions de clients par an :

4/ En Amérique du nord, il est possible de trouver un fast-food à l'intérieur d'un supermarché, dans un hôpital, dans une université ou dans une entreprise :

5/ Certains personnages cultes créés par des fast-foods sont plus connus que le Père Noël :

6/ Dans certains fast-foods, les pantalons des équipiers n'auraient pas de poche afin d'éviter les vols :

7/ Chaque américain habite en moyenne à moins de deux minutes en voiture d'un fast-food :

8/ Les fast-foods les plus rentables de certaines chaînes nord-américaines sont souvent les restaurants implantés en France :

9/ Le marché de la contrefaçon représente plus de 30 milliards d'euros dans les monde :

10/ Afin de rassurer leurs passagers, certaines compagnies aériennes parfument la cabine des avions avec des odeurs de miel, de lait maternel et de pain chaud :

11/ Chez certains constructeurs automobiles, le bruit des claquements de portières est analysé afin de donner une sensation de robustesse :

12/ Certains restaurants à thème diffusent parfois des odeurs de steak grillé sur leur parking afin d'attirer le chaland :

13/ La planche de bord de certains monospaces est recouverte d'une mousse spéciale évoquant le grain de peau féminin (70 % des acheteurs sont des hommes) :

14/ Certains fabricants de bouteilles de liquide vaisselle ou de soda ont acheté les droits de reproduction des formes de mannequins vedettes :

15/ Tous les sodas ont été inventés à l'origine par des pharmaciens afin de lutter contre des problèmes de santé :

16/ Pour remercier leurs salariés, certaines entreprises reversent une fois par an leur chiffre d'affaires à part égale à tous leurs employés :

1/ Vrai, 2/ Vrai, 3/ Vrai, 4/ Vrai, 5/ Vrai, 6/ Vrai, 7/ Faux, moins de douze minutes, 8/ Vrai, 9/ Faux, 300 milliards, 10/ Vrai, 11/ Vrai, 12/ Vrai, 13/ Vrai, 14/ Vrai, 15/ Faux, 16/ Faux.

B/ Rappels de cours

Avant de se lancer dans des calculs commerciaux, il semble important de rappeler quelques bases des grands principes du marketing.

L'étude du marché

Une entreprise peut promouvoir un produit/service sans aucune étude de marché. Les risques sont élevés mais les coûts d'une telle analyse sont parfois rédhibitoires pour une start-up ou une jeune PME, encore plus pour un autoentrepreneur.

A priori, la base du marketing est de vendre ce que les consommateurs souhaitent acheter. L'exemple actuel du marché exponentiel du vélo est typique des changements brusques auxquels il faut s'adapter. La vogue des déplacements en deux roues favorisée par la crise sanitaire est la réponse à un changement profond de comportement.

A l'inverse, certaines entreprises sont parfois tentées de produire des innovations puis d'essayer de les vendre à tout prix. Cette méthode demande plus d'investissements et conduit souvent à l'échec. Le produit miracle peut exister mais il est quasiment toujours lié à une demande latente des consommateurs ou à des changements de comportement d'achat.

Le click and collect dans la grande distribution correspond à cette évolution radicale des acheteurs potentiels.

L'objectif de l'étude de marché est de cibler ces prospects en leur demandant ce qu'ils voudraient acheter, quand et comment ?

La plupart des enquêtes sont effectuées à distance, pour des raisons de coût, et se basent sur des échantillons représentatifs de la population étudiée. Il est possible de sélectionner les panélistes au hasard, en fonction d'algorithmes ou suivant leurs caractéristiques socio-économiques.

Afin de se rassurer, nombre d'entreprises confient ces études de marché à des prestataires spécialisés. Les résultats permettent de mieux analyser le consommateur moyen et d'adapter l'offre mais rien ne remplace les commentaires de la force de vente sur le terrain.

Des statistiques commerciales et des prévisions doivent être confirmées par des tests grandeur nature et surtout par des études de satisfaction continuelles sur internet à chaque achat ou par les commerciaux.

L'objectif n'est pas de « tracer » le client mais de corriger en permanence les erreurs commerciales qui pourraient être commises. Une étude de marché n'est valable et exploitable que si elle évolue en permanence, en fonction de la concurrence et de ses nouveautés.

Le seuil de rentabilité

Le seuil de rentabilité peut être déterminé en volume (nombre de produits vendus) et en chiffre d'affaires (€). Ce point d'équilibre est la préoccupation majeure de tout entrepreneur puisqu'il faudra souvent qu'il aille convaincre un organisme financier pour le soutenir dans sa tentative commerciale.

La difficulté consiste à estimer la date à laquelle le seuil de rentabilité sera franchi. Ce point mort permet d'estimer les budgets commerciaux, de prévoir les achats et surtout les ventes.

L'analyse des coût fixes et des coûts variables permettra de se donner un point de repère dans le temps afin d'estimer la viabilité d'un lancement commercial.
Le premier centime rentabilisé est essentiel pour une entreprise. Au seuil de rentabilité, nous ne faisons ni bénéfice ni perte, nous couvrons donc toutes nos charges fixes et variables par nos ventes.

Ces profits sont indispensables au développement ou simplement à la survie de l'entreprise. Investir, recruter, innover sont inhérents à la réussite d'une PME.

Certains diront que les profits doivent surtout servir à motiver les salariés et à inventer, plutôt qu'à enrichir des actionnaires anonymes de façon disproportionnée.
Cet étonnement est compréhensible, surtout en temps de crise économique récurrente.

Les coûts variables d'une entreprise, comme leur nom l'indique, varient en fonction du chiffre d'affaires (Commissions des commerciaux, matières premières).

A l'inverse, les coûts fixes ne changent pas en cours d'exercice comptable ou rarement, et ne dépendent pas du chiffre d'affaires. Même si je ne vends rien, je devrai payer mon loyer, mes assurances ou les salaires de mes employés.

Le prix psychologique

L'une des principales contraintes pour une entreprise est de fixer le prix acceptable pour les consommateurs pour le bon produit/service au bon moment. Il faudra prendre en compte nos coûts totaux afin de conserver un taux de marge minimum et les répartir en coûts fixes et variables.

Les profits nous permettront, entre autres, de produire de nouveaux produits/services, d'investir dans le recrutement et la formation de la main d'œuvre directe et d'innover sans cesse.

Les différentes stratégies de prix consistent à vendre plus cher que le marché (stratégie d'écrémage), moins cher que les concurrents (stratégie de pénétration) ou au même prix que tout le monde (stratégie d'alignement).

Les enquêtes de prix psychologique permettent donc de connaître le prix acceptable en interrogeant des panélistes. Les consommateurs volontaires et représentatifs de la « population mère » répondront en fonction de leur connaissance d'un marché donné, de leurs impressions sur le produit/service et sur leur perception de la qualité.

Ces enquêtes reposent souvent sur des sensations difficiles à mesurer ou à comprendre. Pourquoi payer plus cher un produit de luxe ? Pourquoi refuser de payer trop cher un produit basique ? Ce sont des reflexes partagés par de nombreux consommateurs dont nous devons tenir compte.

Le prix final devra inclure ces réactions psychologiques, les tarifs des concurrents, le pouvoir d'achat de la zone de chalandise et les chiffres macro économiques du moment.

L'étude de prix déterminera une fourchette de prix psychologique et finalement un prix magique.
Ce prix magique est toujours inférieur au prix rond.
Curieusement et pour des raisons qui peuvent paraître surprenantes, le consommateur achètera souvent davantage si le prix affiché est de 9,90 € plutôt que 10 €.

Il aura sans doute l'impression de faire des économies ou d'avoir trouvé une promotion intéressante même si la différence de prix est faible.

L'étude du prix psychologique est un résumé intéressant de la philosophie marketing : comment s'adapter en permanence aux souhaits du consommateur en tenant compte de son vécu et des influences extérieures qui le font changer d'avis. ?

Pendant une crise économique, le développement rapide du hard discount est l'exemple de ces changements auxquels il faut s'adapter. La multiplication des discounters (fins de séries, lots dégriffés) en France montre l'intérêt de s'informer auprès de ses clients.

La vente de produits haut de gamme perdure également pendant les crises et il faudra s'intéresser au « snob effect », à l'achat statutaire et au besoin de reconnaissance du client.

La définition d'un prix de vente final devra donc inclure tous ces critères d'analyse.

Communication publicitaire

La communication ou publicité commerciale est indissociable du marketing. Cependant de nombreux consommateurs sont lassés de l'avalanche de messages publicitaires, propagés par les cinq grands médias et les sites internet. Un certain nombre de téléspectateurs regardent moins ou plus du tout les chaînes hertziennes et de la TNT.

Le récent succès des plateformes de vidéos en streaming, sans publicité, et de la vidéo à la demande est la preuve de cette évolution des comportements.

Certaines entreprises en sont même arrivées à ne plus faire de publicité et se contentent d'investir dans la formation de leur personnel en misant sur un bouche à oreille positif.

Les coûts des campagnes de publicité sont souvent à la hausse et représentent des investissements élevés pour des PME qui ont parfois du mal estimer la rentabilité exacte de ces dépenses.
Déterminer la cible précise des messages commerciaux est devenu indispensable, tant le « bruit publicitaire » ambiant sature les consommateurs actuels.

Nous sommes confrontés quotidiennement à des milliers de sollicitations visuelles, auditives et parfois olfactives. Estimer concrètement la performance de chaque centime dépensé en publicité est devenu une nécessité et les conseils de média planners avisés est essentiel.

Gestion de la Force de Vente

La gestion d'une équipe commerciale est l'une des tâches les plus délicates dans une PME. L'argent étant le nerf de la guerre, il faut être capable de recruter des commerciaux performants et fidèles. Même un excellent produit/service aura du mal à se vendre seul. Rien ne remplace le contact humain et particulièrement celui d'un bon vendeur.

Les métiers de la vente n'attirent pas forcément les étudiants des écoles de commerce. La plupart d'entre eux rêvent parfois de carrières météoriques dans une agence de publicité, dans un cabinet de conseil en stratégie ou s'imaginent "chef de produit" dans une grande entreprise.

Pourtant, il paraît paradoxal de faire du marketing sans n'avoir jamais rien vendu. Le marketing est surtout l'art de « mettre sur le marché » un produit/service lambda, donc de le vendre.

Il paraîtrait étrange de devenir chef de produit avant même d'avoir prospecté et négocié sur le terrain afin de convaincre des acheteurs exigeants.

Reste aux entreprises à rendre les métiers de la vente attirants, en proposant des rémunérations fixes correctes, associées à des commissions et primes encourageantes.

L'encadrement est également essentiel puisque la vente consiste parfois à résister à des échecs successifs. La formation et la motivation quotidienne de son équipe permettent souvent de conserver ses commerciaux et d'en recruter de nouveaux.

Evaluer sa force de vente consiste également à détecter des axes de progrès et à mieux former ses vendeurs, en leur offrant des évolutions hiérarchiques motivantes.

C/ Calculs Marketing

Net Bank – Paris

M. Crédit, votre chef d'agence voudrait augmenter les montants des dépôts sur les livrets d'épargne non réglementés. Vous devez l'aider à anticiper le marché potentiel.

	Nombre de foyers	Revenu Annuel (Année en cours)	Revenu Total
Artisans Commerçants			
Professions libérales			
Cadres moyens			
Employés			
Agents de maîtrise			

A la fin de l'année en cours, les 1.863 clients de la Net Bank ont investi 46 millions d'euros sur les livrets d'épargne non réglementés. L'objectif pour l'année prochaine est de 26.000 euros par livret d'épargne.
Cette objectif est-il atteignable ?

. Nombre de foyers sur la zone de chalandise : 24.000.

. % et revenus par profession et catégorie sociale (PCS) :
- <u>Artisans-Commerçants</u> :
15 % (revenu annuel moyen : 45.000 €)
- <u>Professions libérales</u> :
15 % (84.500 €)
. <u>Cadres moyens</u> :
20 % (38.000 €)
. <u>Employés</u> :
20 % (20.000 €)
. <u>Agents de maîtrise</u> :
30 % (23.000 €)

. L'année prochaine, les revenus annuels précités devraient augmenter de 1,5 %.
. L'indice de richesse vive de la zone de chalandise s'élève à 0,8.
. Revenus complémentaires (retraites, allocations familiales) : 15 % du revenu annuel total.
. Montants épargnés par les ménages : 5 % du revenu total.
. Taux de pénétration prévu par Net Bank sur la zone de chalandise : 12 %.

Votre chef d'agence vous demande de calculer :
1/ Le Revenu total pour l'année en cours,
2/Le revenu total augmenté de 1,5 % pour l'année prochaine,
3/ Le revenu total pour l'année prochaine en tenant compte de l'indice de richesse vive de la zone de chalandise étudiée,
4/ Le revenu total plus les revenus complémentaires l'année prochaine,
5/ Les montants épargnés par les ménages l'année prochaine,

6/ En fonction du taux de pénétration de la Net Bank, le montant total d'épargne qui serait collecté l'année prochaine,

7/ Le montant des livrets d'épargne par client pour l'année prochaine.

Quelle est votre conclusion commerciale ?

Correction

Net Bank – Paris

1/ Revenu total pour l'année en cours :

	Nombre de foyers	Revenu annuel (Année en cours)	Revenu total
Artisans-Commerçants	3.600	x 45.000 :	162.000.000
Professions libérales	3.600	84.500	304.200.000
Cadres moyens	4.800	38.000	182.400.000
Employés	4.800	20.000	96.000.000
Agents de maîtrise	7.200	23.000	165.600.000
			910.200.000

2/ Réponse 1 + 1,5 % :   923.853.000
3/ Résultat réponse 2 x 0,8 :   739.082.400
L'indice de richesse vive est basé sur la moyenne 100 % ou 1. Une zone de chalandise dont l'indice est inférieur à 1 signifie que le pouvoir d'achat local est inférieur à la moyenne nationale. Il faut donc en tenir compte pour les calculs.
4/ Réponse 3 + 15 % :   849.944.760
5/ Réponse 4 x 5 % :   42.497.238
6/ Réponse 5 x 12 % :   5.099.668,56
7/ 46 millions d'euros + 5.099.668,56 / 1.863 clients =
27.428 € soit davantage que l'objectif fixé : 26.000 €.

Conclusion :
L'objectif pour les livrets d'épargne réglementés est atteignable et la prévision pour l'année prochaine est satisfaisante.

Le Roi du Bio - Lyon

En tant que manager d'un supermarché Bio basé dans le centre-ville de Lyon, vous devez déterminer le revenu annuel potentiel de votre point de vente.
Votre zone de chalandise est divisée en trois parties distinctes.

	Zone 1	Zone 2	Zone 3
Nombre d'habitants	980	396	1.944
Nombre de personnes par foyer	2	1,5	2
Indice local de pouvoir d'achat	103	95	114
Taux d'attraction	96 %	78 %	57 %

Dans la région étudiée, les dépenses moyennes par ménage pour les produits bios s'élèvent à 275 € par an.
Votre supermarché devrait capter 35 % du marché local des produits bios.

Pour chaque zone, vous devez calculer le nombre de ménages, le nombre de ménages captés, les dépenses locales pour les produits bios et le revenu total.
Les trois résultats seront ajoutés et vous conserverez 35 % du total.

Correction

<u>Le Roi du Bio - Lyon</u>

<u>Nombre de foyers</u> :
490 (Zone 1 ; 980 / 2)   264 (Z. 2)   972 (Z.3)

<u>Nombre de foyers captés</u> :
470 (Z. 1 ; 490 x 96 %)   206 (Z. 2)   554 (Z.3)

<u>Dépenses locales</u> :
283,25 (Z.1 ; 275 x 1,03)   261,25   313,5

<u>Revenu total</u> (€) :
133.127,5 (470 x 283,25)   53.817,5   173.679

360.624 x 35% = 126.218 € (Revenu potentiel annuel).

L'analyse d'une zone de chalandise et d'un revenu potentiel doit aussi tenir compte du taux d'invasion et du taux d'évasion de la clientèle locale. Certains consommateurs iront acheter dans des supermarchés situés dans les zones de chalandises voisines et vice-versa.

L'étude des concurrents locaux, l'impact de la publicité géolocalisée et le comportement des clients pourra également faire l'objet d'analyses complémentaires.

Holiday Club – Marseille

Les résidences de vacances « Holiday Club » souhaiteraient proposer une nouvelle assurance tous risques à ses clients. « Easy travel » inclurait tous les aléas éventuels d'un séjour touristique : annulation et retard d'avions, bagages perdus et fraudes à la carte bancaire.

Afin de promouvoir ce nouveau service, votre responsable marketing vous suggère d'utiliser deux techniques de contact direct : le courrier publicitaire classique et les appels téléphoniques.

Votre objectif est de contacter 200 clients avec chaque méthode de promotion.

1/ Quel serait le coût total de chaque opération commerciale ?

2/ Pensez-vous qu'il faudrait utiliser ces deux techniques de contact direct successivement ?

3/ Combien de temps serait nécessaire pour atteindre le point mort, pour chaque opération ?

. **Courrier publicitaire :**
. Affranchissement :   0,5 € par courrier
. Impression :   0,15 € par courrier
. Enveloppes :   0,03 € par courrier
. Création du courrier :   5 heures
. Routage et mise sous pli :   27 secondes par courrier
. Taux de souscription :   10 %.

. **Appels téléphoniques** :
. Communications téléphoniques :   0,1 € par minute
. Appels réussis avec une souscription :   18 minutes
. Appels argumentés sans souscription :   6 minutes
. Appels sans réponse ou échec :   1 minute

. Taux de souscription :
. Appels réussis :   10 %
. Appels argumentés :   35 %
. Echecs :   55 %.

Ce nouveau service d'assurance serait vendu sous forme d'abonnement à 3 € par mois, avec un taux de marge brute de 20 %.

. Coût de la main d'œuvre directe : 8,75 € de l'heure, plus 60 % de charges sociales.

Correction

Holiday Club – Marseille

1/. **Courrier publicitaire** :

. Affranchissement + impression + enveloppes =
(0,5 + 0,15 + 0,03) x 200 = 136
. Création = (5 x 8,75) x 1,6 = 70
. Routage = 27 secondes x 200 = 90 minutes (5.400 / 60) =
1,5 heure ; (1,5 x 8,75) x 1,6 = 21.
Total = 227 €.

. **Appels téléphoniques** :

200 contacts si l'opération est unique, ou 180 contacts si
les opérations sont menées successivement.
. Appels réussis : (200 x 10%) 20 x 18 mn x 0,1 = 36
. Appels argumentés : (200 x 35%) 70 x 6mn x 0,1 = 42
. Echecs : (200 x 55%) 110 x 1mn x 0,1 = 11
. Sous-total = 89 €.

. Main d'œuvre directe : (20 x 18mn) + (70 x 6mn) +
(110 x 1mn) = 890 mn ; (890/60) x 8,75 x 1,6 = 207.67
. Total : 296,67 €.

2/ Oui,

. Courrier publicitaire : 200 x 10% = 20 souscriptions,
. Appels téléphoniques : 180 x 10 % = 18 souscriptions,
. Total = 38 souscriptions.

3/ Marge brute mensuelle (par unité) = 3 x 20% = 0,6 ;
pour 20 souscriptions, 0,6 x 20 = 12 € par mois.
. Courrier publicitaire : (227/12) = 18,9 mois pour
atteindre le seuil de rentabilité,
. Appels téléphoniques : (296,67/10,8) = 27,46 mois pour
atteindre l'équilibre financier.

$10.8 = 0.6 \times 18.$

Compte tenu du nombre de mois trop élevé pour atteindre le seuil de rentabilité, il faudra sans doute augmenter le prix de vente unitaire afin d'accroître la marge brute, tout en baissant éventuellement les coûts.

Ceci permettrait de réduire la durée nécessaire à la rentabilité des opérations de communication directe.

Ces deux opérations peuvent être organisées séparément (courrier publicitaire ou appels téléphoniques), ou successivement.

Dans la pratique, il est rare d'organiser une campagne de marketing direct avec courrier publicitaire classique sans relance téléphonique systématique.

Malgré la prépondérance des courriers électroniques et des tentatives de prospection par les moyens numériques, l'utilisation de courriers imprimés reste relativement efficace.

Mais l'une des principales règles de ce type de promotion est qu'il faut convaincre le prospect en moins de 7 secondes.
Il s'agit du temps de trajet nécessaire pour aller de la boîte aux lettres à la poubelle jaune.

Les enveloppes doivent donc attirer le regard par des messages percutants qui donnent envie d'ouvrir le courrier et les offres publicitaires doivent être convaincantes.
L'ajout de cadeaux, de prix bradés ou d'avantages réels permettent de retenir l'attention du prospect.

Par contre il est inutile d'offrir des gadgets sans intérêt aux coûts infimes parfois fabriqués en Asie. Le prospect est inondé par ce genre d'offres et il est devenu exigeant.

Le courrier publicitaire est encore rentable pour les entreprises de service avec des offres innovantes, la grande distribution et le commerce de proximité. Pour les imprimés sans adresses ou prospectus, il faudra respecter les nouvelles réglementations sur la publicité dans les boîtes aux lettres.

Big Buy – Lille

« Big Buy » souhaiterait lancer de nouvelles machines automatiques grand format avec paiement par application sur smartphone. Ces automates seraient accessibles 24h/7j aux abords des cités universitaires et des zones commerciales de Lille.

Chaque machine proposera au moins 140 produits, incluant des boissons, des plats préparés, des produits de papèterie, d'hygiène et d'entretien de la maison.
Ce nouveau concept a été largement développé en Asie du Sud-Est avec un franc succès et sera pris en charge par des franchisés.

En tant que futur franchisé « Big Buy », vous devez analyser la rentabilité d'un automate qui serait installé en plein centre ville près d'enseignes réputées.
Vous avez reçu les chiffres suivants :

. Coût des marchandises vendues : 720.000 €
. Royalties du franchisé :   5 % du C.A annuel
. Royalties publicitaires :   5 % du C.A annuel
. Location du terrain :   5.500 € par mois
. <u>Coûts annuels</u> :
. Assurances :   10.000 €
. Electricité * :   40.000 €
. Fournitures * :   2.000 €
. Personnel et Cotisations sociales * : 400.000 €
. Amortissement :   50.000 €
. Impôts et taxes * :   30.000 €
. Remboursement d'emprunts :   40.000 €

* 60 % sont des coûts variables.
. Chiffre d'affaires potentiel : 2 millions d'euros.

1/ Compléter le tableau de classification des coûts et le compte de résultat prévisionnel.

2/ Quel devrait être le chiffre d'affaires annuel pour atteindre le seuil de rentabilité ?

3/ Combien de produits devraient être vendus pour atteindre l'équilibre financier (prix de vente moyen : 9 €) ?

4/ A quelle date le point mort serait-il atteint ?

. Seuil de rentabilité en valeur =

Chiffre d'affaires x Coûts fixes / Marge sur coût variable.

. Seuil de rentabilité en volume =

Seuil de rentabilité en valeur / Prix de vente unitaire.

. Date du point mort =

(Seuil de rentabilité en valeur / Chiffre d'affaires) x 360 jours.

Classification des Coûts

	Coûts Fixes	Coûts Variables
Location annuelle		
Assurances		
Royalties de franchise		
Royalties de publicité		
Electricité		
Fournitures		
Personnel et cotisations sociales		
Amortissement		
Impôts et taxes		
Remboursements d'emprunts		
Total		

Compte de résultat prévisionnel

	Montant	%
Chiffres d'affaires annuel		
Coût des marchandises vendues		
Coûts variables		
Total coûts variables		
Marge sur coût variable		
Coûts fixes		
Résultat net		

. Total coûts variables =
Coût des marchandises vendues + Coûts variables
. Marge sur coût variable =
Chiffre d'affaires - Total coûts variables
. Résultat net = Marge sur coût variable - Coûts fixes
. Chaque pourcentage est obtenu en divisant chaque résultat par le chiffre d'affaires et en le multipliant par 100.

Correction

Big Buy – Lille

Classification des Coûts

	Coûts Fixes	Coûts Variables
Location annuelle	66.000	
Assurances	10.000	
Royalties de franchise *2 millions x 5 %*		100.000
Royalties de publicité *2 millions x 5 %*		100.000
Electricité	16.000	24.000
Fournitures	800	1.200
Personnel et cotisations sociales	160.000	240.000
Amortissement	50.000	
Impôts et taxes	12.000	18.000
Remboursements d'emprunts	40.000	
Total	354.800	483.200

2/ 2.000.000 x 354.800 / 796.800 = 890.562 € (Seuil de rentabilité en valeur).

3/ 890.562 € / 9 € = 98.951,3 produits à vendre pour atteindre le seuil de rentabilité en volume. Il est possible par prudence d'arrondir à 98.952 produits.

Compte de résultat prévisionnel

	Montant	%
Chiffres d'affaires annuel	2.000.000	100
Coût des marchandises vendues	720.000	
Coûts variables	483.200	
Total coûts variables	1.203.200	60,18 %
Marge sur coût variable	796.800	39,84 %
Coûts fixes	354.800	17,74 %
Résultat net	442.000	22,1 %

4/ 890.562 / 2.000.000 x 360 jours = 160,3 jours.
160 jours / 30 jours = 5,33 mois.
0,33 mois x 30 jours = 10 jours environ.
En règle générale, les financiers prennent une moyenne de 30 jours par mois.

Le point mort devrait être atteint après 5 mois plus 10 jours. En partant du début de l'année civile (en janvier), nous devrions atteindre le point mort autour du 10 juin.

Ces prévisions peuvent être actualisées régulièrement. Il faudra tenir compte des changements de coûts éventuels et de la conjoncture économique. Le chiffre d'affaires peut varier en fonction de la concurrence et de l'efficacité de la force de vente.
Le seuil de rentabilité prévisionnel est donc réévalué régulièrement en fonction de ces calculs.

Boulangerie Pierre – Bordeaux

Un nouveau service sera proposé dans les Boulangeries Pierre à Bordeaux : un petit-déjeuner livré à domicile de 5h30 à 9h30. Son responsable marketing vous demande de déterminer le prix psychologique de ce nouveau service de restauration rapide.

Une enquête de prix a été menée auprès de 400 consommateurs, en voici les résultats.

	Réponses « Prix Excessif »	Réponses « Qualité Insuffisante »
3	0	168
6	0	135
9	0	58
12	2	20
15	15	11
18	33	7
21	40	1
24	66	0
27	95	0
Plus de 30	149	0

Vous devez remplir le tableau de pourcentage afin de déterminer le prix psychologique et enfin le prix magique.

% réponses prix excessif (A)	% réponses qualité insuffisante (B)	Cumul % prix excessif (C)	Cumul % qualité insuffisante (D)	% consommateurs potentiels (E)	C.A potentiel (F)
0		0		0	0
0		0		42	252
0		0		75.75	
0.5		0.5			
		4.25			
			2		
	0.25		0.25		
	0		0		
	0		0		
	0		0		

Correction

Boulangerie Pierre – Bordeaux

A	B	C	D	E	F
0	42	0	100	0	0
0	33,75	0	58	42	252
0	14,5	0	24,25	75,75	681,75
0,5	5	0,5	9,75	89,75	1.077
3,75	2,75	4,25	4,75	91	1.365
8,25	1,75	12,5	2	85,5	1.539
10	0,25	22,5	0,25	77,25	1.622,25
16,5	0	39	0	61	1.464
23,75	0	62,75	0	37,25	1.005,75
37,25	0	100	0	0	0

0,5 = 2 / 400 x 100 ; 42 = 168 / 400 x 100 ; 4,25 = 0,5 + 3,75 ; 2 = 0,25 + 1,75 ;

42 = 100 – (0 + 58) ; 252 = 42 x 6.

Prix psychologique = 15 € ; Prix magique = € 14.90 €.

Même si le chiffre d'affaires le plus élevé correspond à 21 €, il est possible de faire un test à 15 €. A ce prix, les consommateurs semblent estimer que le tarif est correct par rapport à leur connaissance du marché et leur perception de la qualité.

Coffee star – Paris

Afin d'améliorer son service à la clientèle, Coffee star souhaiterait installer un « Drive » dans ses restaurants français. Ce service au volant permettrait aux clients réguliers de gagner du temps chaque matin en commandant directement depuis leur application dédiée.

Chaîne de restaurant à succès aux Etats-Unis, Coffee star souhaite promouvoir ce nouveau service par un courrier publicitaire à ses clients fidèles, détenteurs d'une carte de réduction. Le premier « Drive test » sera implanté dans un grand centre-commercial en proche périphérie de Paris.

Dans un premier temps, un abonnement annuel sera proposé pour les meilleurs clients, incluant un petit déjeuner complet au « Drive », 144 jours par an (ex : 3 jours par semaine, 48 semaines par an).

En fonction des chiffres suivants, quelle serait la rentabilité de cette campagne de marketing direct ?
. Prix unitaire de l'abonnement : 1.847 € par an
. Coût des produits vendus : 990 €
. Création et impression du courrier publicitaire :
. 5.000 copies : 32.500 €   - 10.000 copies : 55.000 €
15.000 copies : 70.000 €   - 20.000 copies : 90.000 €
(Poids du courrier : 28 grammes)

. Taux de réussite moyen : 0,8 % (Abonnement signés)

. Affranchissement : 20 à 50 grammes : 2,08 € (à partir de 1.000 courriers) - 1,79 € (à partir de 15.000 courriers).

. Calculer la rentabilité de ce courrier publicitaire en fonction du nombre d'envois suivants :
5.000 - 10.000 - 15.000 - 20.000.

1/ Pour 5.000 courriers :
Coûts =
Marge unitaire =
Rentabilité (Marge unitaire - Coûts) =

Correction

Coffee Star – Paris

1/ *Pour 5.000 courriers* :
Coûts = 32.500 + (2,08 x 5.000) = 42.900
Marge unitaire = 40 (*5.000 x 0,8%*) x 857 (*1.847 - 990*)
= 34.280
Rentabilité (Marge unitaire - Coûts) = 34.280 - 42.900
= - 8.620 (Perte)

2/ *Pour 10.000 courriers* :
Coûts = 55.000 + 20.800 = 75.800
Marge unitaire = 80 x 857 = 68.560
Rentabilité = 68.560 – 75.800 = - 7.240 (Perte)

3/ *Pour 15.000 courriers* :
Coûts = 70.000 + 26.850 = 96.850
Marge unitaire = 120 x 857 = 102.840
Rentabilité = 5.990 (Profit)

4/ *Pour 20.000 courriers* :
Coûts = 90.000 + 35.800 = 125.800
Marge unitaire = 160 x 857 = 137.120
Rentabilité = 11.320 (Profit)

Il faudrait envoyer au moins 15.000 courriers aux meilleurs clients afin de réaliser une opération bénéficiaire pendant cette campagne de promotion.

Avec des clients fidèles ou dans le cas d'un service au prix unitaire élevé, il est préférable d'utiliser un courrier classique afin de valoriser l'offre publicitaire.

Même si le recours fréquent aux mails promotionnels, aux SMS et aux réseaux sociaux peut sembler intéressant, il ne faut pas oublier la saturation de la cible.

Nombre de messages sont considérés comme « Spam » et classés comme indésirables par les opérateurs de télécommunication. De plus, rares sont les récepteurs qui lisent systématiquement cette avalanche quotidienne de courriels.

Un courrier classique personnalisé, géolocalisé, qui tient compte des caractéristiques de chaque client permet souvent de meilleurs taux de retour.

Un courriel numérique a des taux de retour d'environ 0,1 %, un courrier publicitaire adressé par la poste peut atteindre 2 à 5 % avec une relance téléphonique massive.

Ces chiffres sont faibles et nécessitent donc l'emploi de techniques complémentaires : force de vente téléphonique et en face à face, affichage publicitaire, annonces sur internet et dans les grands médias en fonction du budget disponible (Presse, télévision, radio, cinéma).

Ciné + - Lyon

En tant que manager des ventes à Ciné +, vous devez estimer la performance de vos conseillers commerciaux.

Ils sont en charge de la vente des abonnements à cette plateforme de vidéos en streaming. Leur cible primaire est constituée des hôtels, résidences de vacances et loueurs touristiques.

En fonction des différents ratios, vous étudierez l'efficacité de chaque commercial pour le dernier semestre :
. Commandes/Visites x 100
. Chiffre d'affaires/Commandes
. Chiffre d'affaires/Visites
. Kilomètres parcourus/Visites
. Remises/Chiffre d'affaires x 100

	Bob	Albert	John
Ancienneté dans l'entreprise	3 ans	10 ans	6 mois
Expérience de la vente	4 ans	5 ans	1 an
Nombre de visites par semestre	180	190	215
Nombre de commandes par semestre	65	100	60
Chiffre d'affaires par semestre	62.500 €	125.000 €	61.500 €
Temps moyen par visite	20 mn	30 mn	45 mn
Kilomètres par semestre	1.600	1.000	1.320
% de prospection	10	5	35
Montant des remises	6.250 €	6.500 €	2.850 €

Correction

<u>Ciné + - Lyon</u>

		Bob	Albert	John
Commandes / Visites	65/180	36,1%	52,6%	27,9%
C.A / commandes	62.500/65	961,54	1.250	1.025
C.A / Visites	62.500/180	347,22	657,89	286,05
Km / Visites	1.600/180	8,89	5,26	6,13
Remises / C.A	6.250/62.500	10%	5,2%	4,6%

Albert est sans doute le meilleur commercial, il serait intéressant d'augmenter ses commissions et ses bonus.

Bob a besoin d'être davantage motivé et pourrait suivre un programme de formation interne ou organiser des visites en binôme avec Albert.

John est relativement efficace, compte tenu de sa courte expérience. Il pourrait être encouragé par des primes plus élevées.

Lorsqu'un commercial connaît de sérieuses difficultés et n'atteint que rarement ses objectifs, il faudra envisager des entretiens individuels et un programme de formation aux techniques de vente. Si les résultats restent faibles après ces correctifs, il sera possible de prévoir une reconversion dans un autre service de l'entreprise.

Afin de compléter les calculs marketing, nous vous suggérons plusieurs exercices en anglais qui vous permettront de vous familiariser avec les techniques anglo-saxonnes. Pour rappel, en anglais, les chiffres en « milliers » sont signalés par une virgule et les « décimales » par un point.

L'utilisation de l'anglais étant souvent indispensable dans des entreprises internationales, il peut être utile de s'entraîner avec ces exercices.

Si vous souhaitez effectuer davantage de calculs marketing en anglais, nous vous suggérons :

« Marketing Calculations » du même auteur.

AMC – TV Channel (U.S.A)

As a sales manager at AMC, you are in charge of promoting the Pay Per View Combo. You have to prepare the sales budget for next year. The yearly Pay Per View Combo subscription (including 45 hours of free PPV programs, free internet and discount phone calls) is sold $ 500.

According to the sales forecasts, and owing to the company knowledge, the formula used is :

$Y = 200 T + 3000$

T is the number of the Quarter (for the first Quarter, T = 1).

Seasonal coefficients :
. Quarter One :   0.8
. Quarter Two :   0.7
. Quarter Three :   1.2
. Quarter Four :   1.4

Sales executives objectives :
Mr A : 25 % ; Mr B : 30 % ; Mr C : 45 %

Monthtly fixed wage : $ 10,000 ; Variable commissions :
8 % of the total turnover.
What will be the budget amount for this sales team ?

1/ <u>Sales Forecast</u> :
. Quarter 1 :
. Quarter 2 :
. Quarter 3 :
. Quarter 4 :
. Total :

2/ Sales objectives per salesman :

	Q.1	Q.2	Q.3	Q.4	Total
Mr A					
Mr B					
Mr C					
Total					

3/ Sales team costs :

	Q.1	Q.2	Q.3	Q.4	Total
Fixed wage					
Mr A					
Mr B					
Mr C					
Total					

Correction

AMC – TV Channel

1/ Sales Forecast :
  . Quarter 1 : 500 ((200 x 1) + 3,000) 0,8 = 1,280,000
  . Quarter 2 : 500 ((200 x 2) + 3,000) 0,7 = 1,190,000
  . Quarter 3 : 500 ((200 x 3) + 3,000) 1,2 = 2,160,000
  . Quarter 4 : 500 ((200 x 4) + 3,000) 1,4 = 2,660,000
  . Total : 7,290,000

2/ Sales objectives per salesman :

	Q.1	Q.2	Q.3	Q.4	Total
Mr A	320,000	297,500	540,000	665,000	1,822,500
Mr B	384,000	357,000	648,000	798,000	2,187,000
Mr C	576,000	535,500	972,000	1,197,000	3,280,500
Total	1,280,000	1,190,000	2,160,000	2,660,000	7,290,000

3/ Sales team costs :

	Q.1	Q.2	Q.3	Q.4	Total
Fixed wage	90,000	90,000	90,000	90,000	360,000
Mr A	25,600	23,800	43,200	53,200	145,800
Mr B	30,720	28,560	51,840	63,840	174,960
Mr C	46,080	42,840	77,760	95,760	262,440
Total	192,400	185,200	262,800	302,800	943,200

The budget amount for this sales team is $ 943,200

HBM – New England (U.S.A)

As a manager at HBM (Cell Phone distributor) in New England, you have to dispatch the total sales objective : $ 233,000, according to the different targets and States.

Turnover in year Nr minus 1

$	Total Turnover	Small Accounts	Medium Accounts	Large Accounts	Public Cies	Crafts men
Massachussetts	54,238	3,700	3,463	27,120	7,950	12,005
Vermont	23,549	2,549	5,000	9,420	3,620	2,960
Maine	49,752	841	12,450	20,750	10,007	5,704
New Hampshire	51,874	8,372	6,720	15,562	12,720	8,500
Total	179,413	15,462	27,633	72,852	34,297	29,169

1/ Fill in this table :

	Turnover rate per target	Sales goal per target
Small Accounts		
Medium Accounts		
Large Accounts		
Public companies		
Craftsmen		

2/ Sales goal per target and State (in proportion) in year Nr :

$	Total Turnover	Small Accounts	Medium Accounts	Large Accounts	Public Cies	Crafts men
Massachu ssetts						
Vermont						
Maine						
New Hampshire						
Total						

Correction

<u>HBM – New England (U.S.A)</u>

As a manager at HBM (Cell Phone distributor) in New England, you have to dispatch the total sales objective : $ 233,000, according to the different targets and States.

Turnover in year Nr minus 1

	Turnover rate per target	Sales goal per target
Small Accounts	8.61%	20,061.3
Medium Accounts	15.4%	35,882
Large Accounts	40.6%	94,598
Public companies	19.11%	44,526
Craftsmen	16.2%	37,746

(15,462 / 179,413 x 100) = 8,61%

233,000 x 8.61% = 20,061.3

N.B : En anglais, la notion "Nr minus 1" correspond à l'année N moins 1 en français, soit l'année précédente du calcul en cours.

2/ Sales goal per target and State (in proportion) in year Nr :

$	Total Turnover	Small Accounts	Medium Accounts	Large Accounts	Public Cies	Crafts men
Massachussetts	70,368.54	4800.52	4,496.77	35,215.19	10,321.06	15,535
Vermont	30,561.53	3,307.1	6,492.59	12,231.82	4,699.65	3,830.37
Maine	64,574.24	1,091.1	16,166.57	26,943.78	12,991.56	7,381.23
New Hampshire	67,308.41	10,862.1	8,726.05	20,207.18	16,513.7	10,999.38
Total	232,812	20,060.1	35,881.98	94,597.97	44,525.97	37,745.98

$3,700 / 15,462 \times 20,061 = 4,800.52$

ComputerLand – New-York

You have been hired by the ComputerLand store in New York city. You must manage a sales team whom main target is small and middle size companies. The four sales executives use their own car for visiting their customers and prospects. They are paid back $ 2 per mile.

Hereafter their average yearly mileage :
. Mr A :   10,000 miles
. Mr B :   30,000 miles
. Mr C :   80,000 miles
. Mr D :   60,000 miles

In order to reduce these costs, you are studying two new options : car rental and car purchase :

1/ Car Rental costs for a S.U.V (sport and utility vehicle)
. Yearly rental : $ 30,000
. Insurance : $ 5,000
. Cost per mile : $ 0.5

2/ Car purchase :
. SUV price : $ 70,000 (fully equipped with internet and office tools)
. Depreciation : over 5 years,
. Insurance : $ 4,000
. Cost per mile :
$ 0.5 from 0 to 10,000 miles per year
$ 0.6 from 10,000 to 25,000 miles per year
$ 0.7 from 25,000 to 50,000 miles per year
$ 0.75 beyond 50,000 miles per year.

Which is the cheapest option for each sales executive and for the whole sales team ?

. Fill in the table below :

	Mr A	Mr B	Mr C	Mr D	Total
Present cost :					
Car rental :					
.rental cost					
.insurance					
.cost per mile					
Total :					
Car purchase :					
.depreciation					
.insurance					
.cost per mile					
Total :					

Option selected :

Correction

ComputerLand – New-York

	Mr A	Mr B	Mr C	Mr D	Total
Present cost :	20,000	60,000	160,000	120,000	360,000
Car rental :					
.rental cost	30,000	30,000	30,000	30,000	
.insurance	5,000	5,000	5,000	5,000	
.cost per mile	5,000	15,000	40,000	30,000	
Total :	40,000	50,000	75,000	65,000	230,000
Car purchase :					
.depreciation	14,000	14,000	14,000	14,000	
.insurance	4,000	4,000	4,000	4,000	
.cost per mile	5,000	21,000	60,000	45,000	
Total :	23,000	39,000	78,000	63,000	203,000

Option selected :
Mr. A (1), Mr. B (3), Mr. C (2), Mr. D (3), Team (3).

$20,000 = 10,000 \times 2$; $14,000 = 70,000 / 5$

D/Mémos Marketing

1/Quelles sont les six menaces principales évoquées dans le schéma stratégique de Porter ?

2/ Quels sont les trois éléments qui augmentent ponctuellement la pression concurrentielle ?

3/ Quels sont les quatre éléments qui amplifient le pouvoir de négociation des clients ?

4/ Quels sont les trois éléments qui favorisent le pouvoir de négociation des fournisseurs ?

5/ Quels sont les trois éléments qui encouragent les consommateurs à acheter des produits de substitution ?

1/ La menace des nouveaux entrants, le pouvoir de négociation des fournisseurs, la menace des produits de substitution, l'intensité concurrentielle, le pouvoir de négociation des clients, les contraintes réglementaires.

2/ En cas de faible croissance ou de conjoncture défavorable pour le secteur d'activité concerné, des coûts fixes élevés, un oligopole avec de nombreux acteurs (marché du transport aérien).

3/ De nombreux produits ou réseaux de distribution sont disponibles (Hard discount, internet, livraison à domicile), les produits sont standardisés et semblables, marché monopsone – peu de clients face à une multitude de fournisseurs (marchés publics), achats en gros volumes (centrales d'achat).

4/ Oligopole de l'énergie – peu d'offreurs (Pétrole, gaz), produits différenciés avec une forte notoriété et une bonne image de marque (Téléphonie mobile), peu de produits de substitution (Hydrocarbures).

5/ Des produits quasiment identiques, une offre pléthorique (électroménager), un rapport qualité/prix peu différencié.

6/ Que signifie l'acronyme SWOT ?

7/ Quelles sont les six forces principales de certaines entreprises sur un marché ?

8/ Quelles sont les cinq principales opportunités exploitables par une entreprise ?

9/ Quelles sont les quatre menaces éventuelles pour une entreprise ?

10/ Quelles sont les cinq faiblesses possibles d'une entreprise ?

11/ Que signifie l'abréviation PESTEL ?

6/ Strengths, Weaknesses, Opportunities, Threats (Forces, faiblesses, opportunités, menaces).

7/ Une expertise reconnue, des produits innovants, un réseau de distribution complet, des tarifs compétitifs, une charte de qualité, une forte notoriété et une image de marque positive.

8/De nouveaux marchés à l'exportation, un nouveau canal de distribution (internet), une association commerciale avec un partenaire étranger (joint venture),
une réglementation plus favorable, des accords bilatéraux de libre échange.

9/ Une concurrence déloyale à des prix bas (dumping, contrefaçon), des concurrents plus innovants, des règlements restrictifs (normes), des barrières douanières contraignantes (hausse des droits de douane sur certains produits à l'import ou à l'export).

10/ Un réseau de distribution insuffisant, des produits trop ressemblants avec la concurrence, des tarifs trop élevés, une qualité insuffisante, une notoriété faible ou une image de marque négative.

11/ Etude des environnements politique, économique, socioculturel, technologique, écologique, légal.

12/ Quelles sont les quatre caractéristiques « politiques » d'un marché qui peuvent intéresser une entreprise avant de s'y développer ?

13/ Quelles sont les six particularités « économiques » d'un marché qui peuvent être étudiées ?

14/ Quels sont les cinq principaux éléments « socioculturels » à analyser ?

15/ Quels sont les trois points clés de l'environnement « technologique » ?

16/ Quelles sont les trois principales préoccupations écologiques dont il faut tenir compte ?

17/ Quelles sont les trois contraintes en terme « légal » ?

12/ La situation politique du pays et sa stabilité, la réglementation fiscale, ses facilités d'accès au marché (barrières douanières), la politique sociale envers la population (système de protection).

13/ Le taux de chômage, le taux d'inflation, le revenu moyen disponible, l'indice de développement humain, l'évolution des taux d'intérêt, le taux de croissance du PIB.

14/Le niveau scolaire moyen, l'évolution démographique, les inégalités de revenus, les changements de comportement d'achat, l'évolution des mentalités et des revendications sociales.

15/ Les évolutions récentes des nouvelles technologies, le niveau d'investissement en recherche et développement, les accords technologiques avec d'autres partenaires.

16/ Le niveau de transfert vers des énergies vertes, le taux des émissions polluantes, le respect des contraintes en termes de développement durable.

17/ La législation sur les conditions de travail, les réglementations sur la santé des salariés et leur niveau de protection, les normes de sécurité en entreprise.

18/ Quelles sont les quatre caractéristiques de la matrice d'Ansoff ?

19 / Donner des exemples de ces quatre stratégies commerciales pour une entreprise,

18/ Des produits existants vendus à des clients actuels, des produits existants vendus sur un nouveau marché, un nouveau produit vendu sur un marché existant, une opération de diversification

19/ Vendre plus de services à des clients captifs (banques, grande distribution), exportation vers de nouveaux marchés et de nouvelles cibles (voitures électriques ou hybrides), des innovations technologiques destinées à des clients fidèles (informatique, téléphonie), diversification apparentée (nouveau produit sur un marché déjà exploité : écrans plats HD) ou diversification différenciée (téléphonie mobile pour un constructeur de PC).

Ces différentes observations stratégiques sont souvent exigées dans la première partie du dossier mémoire dans un cycle d'études supérieures.

Ces analyses reposent essentiellement sur des collectes documentaires, des entretiens avec des professionnels ou des consommateurs (questionnaire commercial) et la compilation d'informations sur internet.

Dans le cas d'une étude de cas d'examen, il est également souvent utile de recourir à ces analyses stratégiques dans la première partie du devoir.

Avant de proposer des solutions ou des recommandations commerciales, il est nécessaire d'avoir une vue d'ensemble des concurrents, des marchés, des environnements et des options marketing.

E/Le Mémoire Marketing

La plupart des formations commerciales supérieures exigent un mémoire de fin d'études ou de fin de cycle. La préparation de ce document nécessite de nombreuses recherches documentaires et peut se révéler assez fastidieux à réaliser.

Afin d'aider les étudiants dans leurs réflexions, vous trouverez ci-après un exemple type de plan de mémoire qui vous permettra d'organiser vos idées et votre raisonnement. Il ne s'agit que d'une proposition basée sur l'expérience des jurys d'examen et chacun pourra le modifier et l'améliorer suivant son parcours scolaire.

Le principe du mémoire est d'utiliser un « entonnoir » afin de capter l'attention du lecteur et de l'amener logiquement à la problématique.

La première partie consiste globalement en une recherche académique et commerciale sur la situation exacte de l'entreprise sur son marché et ses dysfonctionnements éventuels.

Cette analyse détaillée des produits/services, de la concurrence, de la stratégie adoptée et surtout des faiblesses commerciales éventuelles de l'entreprise permettra de déterminer une problématique.

Par exemple :
- Comment optimiser la force de vente sur le marché XY de l'entreprise Bidule ?
- Comment améliorer les techniques de communication locale de l'entreprise Truc dans la région ABC.

-Comment développer l'utilisation des nouvelles technologies dans l'entreprise Machin face aux enjeux du numérique ?
- Comment modifier les réseaux de distribution de l'entreprise Albert afin de s'adapter à internet ?

Chacun pourra trouver la problématique qui correspond le mieux aux difficultés actuelles de son entreprise. L'objectif est de comprendre dans une première partie pourquoi une organisation commerciale connaît des problèmes de rentabilité et surtout comment améliorer la situation.

La deuxième partie du mémoire permet de faire le lien entre la problématique et les réponses commerciales suggérées en partie 3. Le jury pourra ainsi mieux comprendre dans quel contexte la mission commerciale s'est déroulée et comment le stagiaire ou l'alternant a géré son intégration en entreprise.

La troisième partie du mémoire devra donc répondre à la problématique posée. Il s'agira d'évoquer de manière très concrète des recommandations argumentée et illustrées qui apporteront des pistes de réflexion aux managers ou des solutions immédiatement applicables.

Il est vivement recommandé de proposer dans cette dernière partie et particulièrement à l'oral des supports commerciaux créés de toutes pièces par l'étudiant.

Par exemple :
. Un dépliant publicitaire, un prospectus, une affichette, une maquette de site internet, des argumentaires, une vidéo publicitaire, une maquette de stand professionnel, entre autres.

Le nombre de pages indiquées par partie est indicatif. Il peut être adapté à chaque mémoire.

Concernant la soutenance orale, il est recommandé de :
- ne pas lire mot à mot le diaporama présenté mais d'utiliser des fiches et de regarder au maximum le jury afin de capter son attention,
- considérer que l'oral est le « best of » du mémoire. Seuls les meilleurs parties, diagrammes, tableaux, illustrations seront présentés oralement. Le dossier a déjà été lu par le jury et il est inutile de le répéter en totalité. La note finale comprend souvent 50 % pour l'écrit et 50 % pour l'oral. Il est donc utile de convaincre le jury en soutenance,
- de veiller à l'actualisation des données du dossier écrit qui a parfois été rédigé plusieurs mois ou semaines avant la soutenance.
La mise à jour des informations permet de capter l'intérêt du jury qui a parfois l'impression de relire le dossier initial sur l'écran.
Afin d'éviter cette monotonie, la présentation détaillée de tous les supports commerciaux créés permettra d'animer l'oral et de rendre l'exposé plus vivant.
- gérer son temps correctement en s'entraînant plusieurs fois auparavant. La gestion du temps fait partie de l'exercice et un jury apprécie un exposé rigoureux, concis, clair et argumenté.

Enfin, n'oublions par qu'un oral de soutenance est un exercice commercial qui vise à convaincre un jury. Il est donc préférable de rester positif, enthousiaste et de croire en ses produits/services. Un bon vendeur évitera de dénigrer ses produits ou son entreprise.

Plan de Mémoire

(Exemple)

. Remerciements (Entreprise + Ecole),
. Introduction – Préambule incluant la problématique (2 pages maximum).

Partie 1 : **Analyse Commerciale de l'Entreprise** (15 pages)

1.1 Présentation du groupe (Historique – Organisation)
1.2 Présentation de la filiale ou du département (Marché – Offre de services – Demande locale),
1.3 Tableaux comparatifs de la concurrence locale ou nationale,
1.4 Diagnostic SWOT de la filiale (Forces - Faiblesses/ Menaces - Opportunités),
1.5 Analyse PESTEL des environnements – Mix de l'Entreprise (4P ou 7P),
1.6 Etude complémentaire (Etude de satisfaction),
1.7 Enoncé et justification de la problématique (faire le lien entre partie 1 et expérience pendant le stage ou l'alternance).

Partie 2 : **Restitution d'Expérience** (5 pages)

1.1 Contexte de la mission professionnelle (Hiérarchie, Structure commerciale)
1.2 Objectifs commerciaux assignés en entreprise,
1.3 Résultats quantitatifs et qualitatifs (tableaux de synthèse),
1.4 Difficultés rencontrées et bilan de l'expérience professionnelle.

<u>Partie 3</u> : **Préconisations Commerciales** (15 pages)

1.1 Présentation des recommandations commerciales retenues,

1.2 Répercussions commerciales, organisationnelles, humaines et financières,

1.3 Propositions commerciales opérationnelles (rédaction et création de supports commerciaux),

1.4 Détermination des coûts prévisionnels (Budget, Seuil de rentabilité),

1.5 Premières réflexions sur la mise en œuvre dans la filiale,

1.6 Contrôle de l'avancement du projet (Diagramme de GANTT).

. Conclusion

. Sources

. Annexes.

Certains éléments de ce plan peuvent être détaillés ou complétés à l'oral.

La problématique doit permettre de faire le lien entre l'expérience professionnelle et l'analyse de l'entreprise.

Les notions théoriques et académiques sont rappelées dans les « Mémos Marketing » et font également l'objet de nombreux exemples sur internet.

F/ Jeux de Réflexion

1) Vous participez à une course cycliste. Vous venez de dépasser le second coureur. Où vous situez-vous dans le classement ?

Si vous dépassez le second coureur, vous prenez sa place, vous êtes donc second et non premier de la course.

2) Si vous dépassez le dernier coureur, quelle est votre position dans le classement ?

Comment pouvez-vous être avant-dernier et dépasser le dernier coureur ?

3) Sans utiliser de calculatrice. Prenez 1000 et additionnez 40, Additionnez 1000, puis 30, Additionnez encore 1000, Additionnez 20, Additionnez enfin 1000, puis 10. Quel est le total ?

Si vous avez un total de 5000, vous avez perdu. Le total est de 4100.

4) Le père de Sophie a cinq filles :
1.Nana, 2. Nene, 3.Nini, 4.Nono.
Quel est le prénom de sa cinquième fille ?

Nunu ? perdu, son nom est Sophie.

5) Pouvez-vous lire ce texte ?

I cdnuolt blveiee that I cluod aulaclty uesdnatnrd what I was rdanieg. The phaonmneal pweor of the hmuan mnid. Aoccdrnig to rseearches at Cmabrigde Uinervtsiy, it deosn't mttaer in what oredr the ltteers in a wrod are. The only iprmoatnt tihng is that the first and last ltteer be in the rghit pclae. The rset can be a taotl mses and you can sitll raed it wouthit a porbelm.   This is bcuseae the huammn mnid deos not raed ervey lteter by istlef, but hte wrod as a wlohe.

 I could not believe that I could actually understand what I was reading. The phaenomenal power of the human mind. According to researches at Cambridge University, it doesn't matter in what order the letters in a word are.

The only important thing is that the first and last letter be in the right place. The rest can be a total mess and you can still read it wihtout a problem. This is because the human mind does not read every letter by itself, but the word as a whole.

Je ne pouvais croire que je pouvais en-effet comprendre ce que je lisais. Le pouvoir phénoménal du cerveau humain. D'après des chercheurs de l'Université de Cambridge, l'ordre des lettres dans un mot importe peu. La seule chose importante est la place de la première et de la dernière lettre. Le reste du mot peut être incompréhensible et nous pouvons malgré tout le lire.
Le cerveau humain ne lit pas chaque lettre mais le mot dans son entier.

. Qui a dit ?

"Qu'est-ce que le Management ? La définition du Management est la suivante : on prend toutes les idées qu'on a déjà (c'est-à-dire n'importe quoi), on incorpore toutes les bonnes idées de la concurrence et on touille."

. Rensis Likert - Peter Drucker - Abraham Maslow - Scott Adams - Frederick Taylor.

. *Scott Adams (économiste américain).*

. Qui a dit ?

"J'ai fait du Coaching, du Team Building, du eLearning et...je m'emmerding toujours autant".

. *Corinne Maier.*

. Qui a dit ?

"Soyez vous-même. Tous les autres sont déjà pris."

. *Oscar Wilde.*

G/ Culture en Management

(Vrai ou Faux)

1) Aujourd'hui, le travail ne représente que 12 % de notre temps de vie contre 40% au début du siècle dernier :

2) Nous disposons de 400.000 heures de temps libre au cours de notre existence, soit plus de la moitié de notre vie :

3) La durée de vie s'est allongée de plus de 15 ans depuis 1945 :

4) Les loisirs sont le quatrième poste de dépense des Français après le logement, les transports et l'alimentation :

5) Les RTT sont accordées à tous les salariés, quelle que soit la taille de l'entreprise :

6) Le premier loisir des français reste la Télévision :

7) Celui qui naît aujourd'hui, au cours de son temps de vie éveillé, aura davantage regardé la télévision que travaillé :

8) 90% des français partent en vacances au moins une fois par an :

9) RTT signifie Revenu du Temps de Travail :

10) Les Français travaillent en moyenne 1900 heures par an et les Américains 1450 :

1) Vrai, 2) Vrai, 3) Vrai, 4) Vrai, 5) Faux (en fonction du nombre de salariés de l'entreprise), 6) Vrai, 7) Vrai,
8) Faux (60%), 9) Faux, Réduction, 10) Faux, l'inverse.

11) Le programme de formation D.I.F signifiait :
. Droit Immédiat à la Formation - Droit Individuel à la Formation - Droit Interne Formaté.
12) Un travailleur indépendant peut bénéficier d'allocations chômage des Assedic :
13) Un travailleur indépendant est considéré comme une profession libérale :
14) Le C.I.F signifie :
. Congé Individuel Fractionné - Congé Individuel Facturé - Congé Individuel de Formation.
15) Dans le cadre d'un contrat nouvelle embauche, le salarié pouvait être licencié sans cause réelle et sérieuse durant les deux premières années :
16) Quels sont les pays qui correspondent à ces temps de travail salarié (heures par an) :
. 1450, 1800, 1673, 1500, 1400,
. Espagne, Royaume-Uni, Italie, Danemark, France.
17) Parmi tous ces pays de l'Union Européenne, quel est celui dont les moins de 25 ans et les plus de 55 ans ont le taux d'activité professionnelle le plus faible (30 et 40 %) :
. Royaume-Uni, Danemark, Espagne, Allemagne, France.
18) Quels supports de recrutement représentent plus de 80% des annonces d'emploi :

11) Droit individuel à la formation, 12) Faux, 13) Vrai, 14) Congé individuel de formation, 15) Vrai, 16) 1450 (France), 1800 (Espagne), 1673 (Royaume-Uni), 1500 (Italie), 1400 (Danemark), 17) France, Royaume-Uni (67/57), Danemark (65/63), Espagne (47/43), Allemagne (47/44), 18) Sites internet.

19) Quel organisme utilise des SMS pour contacter directement les demandeurs d'emploi qui correspondent à ses offres :

20) Quelle méthode de recrutement sur internet a été testée avec succès par la grande distribution pour recruter de jeunes diplômés :

21) Dans quel lieu sportif prestigieux, une grande banque française a organisé le recrutement de plusieurs centaines de jeunes diplômés :

22) Quel type d'entreprise doit renouveler la moitié de son personnel dans les cinq ans venir :

23) A quelle date correspondent ces dix avancées sociales en entreprise :

. 1970, 1967, 1945, 2000, 1982, 1968, 1950, 1956, 1958, 1965, 1971

. Loi Aubry sur les 35 heures hebdomadaires, Création du SMIG, remplacé par le SMIC en 1970, Troisième semaine de congés payés, Quatrième semaine de congés payés, Création de l'assurance chômage, Cinquième semaine de congés payés et retraite à 60 ans, Passage à la semaine de 40 heures, Création de la participation, Mise en place de la formation professionnelle, Création des Comités d'entreprise et de la Sécurité sociale.

19) Pôle emploi, 20) les T'chat (site de discussion),
21) le stade de France, 22) les banques, 23) 35 heures (2000), SMIG (1950), Troisième semaine C.P (1956), Quatrième semaine C.P (1965), Assurance chômage (1958), Cinquième semaine C.P/ Retraite à 60 ans (1982), 40 heures (1968), Participation (1967), Formation professionnelle (1971), C.E/Sécurité sociale (1945).

24) Comment se nomme le statut de travailleur indépendant qui permet de payer ses charges sociales par trimestre après déclaration de son chiffre d'affaires :

25) Le rythme hebdomadaire moyen d'un cadre au forfait (217 jours par an) est de 47 heures :

26) Comment se nomme la possibilité d'interrompre un CDI par accord mutuel avec l'entreprise tout en bénéficiant des allocations chômage :

27) Certains cadres travaillent 24h/24 :

28) Dans les années 50, les salariés des grandes banques vérifiaient chaque fin de mois toutes les écritures pour chacun des comptes à la main :

29) Le téléphone était réservé aux seuls chefs de bureau et chaque agence comptait jusqu'à huit échelons hiérarchiques :

30) Les chefs de services pouvaient ordonner des retraits sur salaire en cas d'objectifs non atteints :

31) 60 % du temps de travail était consacré aux tâches administratives :

32) Un chargé de clientèle particuliers d'une agence bancaire gère en moyenne entre 500 à 800 comptes :

33) Pour sélectionner ses futurs cadres, une entreprise internationale de cosmétiques fait travailler des équipes de jeunes diplômés sur une étude de cas réelle avec présentation devant les dirigeants de l'entreprise :

24) Autoentrepreneur, 25) Vrai, 26) Rupture conventionnelle, 27) Faux, 28) Vrai, 29) Vrai, 30) Faux, 31) Vrai, 32) Vrai, 33) Vrai.

34) Certains cabinets de recrutement utilisent les méthodes suivantes,

a/ Tests de personnalité et de raisonnement à distance sur un site internet dans un temps limité :

b/ Vidéo personnelle de présentation du candidat, pendant vingt minutes, sur un site internet :

c/ Entretiens à distance par visio-conférence avec les futurs managers :

d/ Entretiens téléphoniques avec trois anciens managers du candidat :

e/ Contrôle des certificats de travail, diplômes et certifications :

f/ Entretiens avec d'anciens enseignants du candidat:

35) Certaines sociétés organisent des matchs de football ou des expéditions en montagne avec des candidats pour détecter des potentiels intéressants :

36) Une grande entreprise testera prochainement plusieurs équipes de jeunes candidats sur le principe des stages commandos :

37) Que signifient les abréviations suivantes,

. ETT, IRP, GRH, CIF, RTT, SMIC, APEC, NTIC, CDI :

34) a. Vrai, b. Vrai, c. Vrai, d. Vrai, e. Vrai, f. Vrai, 35) Vrai, 36) Faux, 37) Entreprise de travail temporaire, Institutions représentatives du personnel, Gestion des ressources humaines, Congé individuel de formation, Réduction du temps de travail, Salaire minimum interprofessionnel de croissance, Association pour l'emploi des cadres, Nouvelles technologies d'information et de communication, Contrat à durée indéterminée.

38) Dans un contrat de travail, la période d'essai est obligatoire :

39) L'intégration d'un nouveau collaborateur s'appelle : l'étape d'Inclusion - l'étape d'Infusion - l'étape d'Initiation.

40) Ne pas survaloriser un nouveau collaborateur au détriment des anciens s'appelle : l'étape de Modestie - l'étape de Remise en Place - l'étape d'Influence.

41) La participation financière aux bénéfices est obligatoire dans les entreprises de plus de cinquante salariés (partage au prorata des salaires) :

42) L'intéressement est facultatif et représente une prime annuelle en fonction du chiffre d'affaires atteint :

43) Dans certaines entreprises, la prime d'intéressement représente six mois de salaire :

44) Les stock options sont des plans d'achat d'actions de l'entreprise par les salariés à prix réduit :

45) Le plan d'épargne entreprise n'existe pas en France :

46) Certaines caissières d'une enseigne de grande distribution ayant investi leurs économies dans un Fonds Commun de Placement ont accumulé après vingt ans un patrimoine de 130.000 euros en moyenne :

47) Dans certaines enseignes spécialisées la participation aux résultats représente trois mois de salaire :

38) Faux, facultative, 39) Inclusion, 40) Influence, 41) Vrai, 42) Vrai, 43) Faux, 44) Vrai, 45) Faux, 46) Vrai, 47) Vrai.

48) Après dix ans dans certaines enseignes de grande distribution, un chef de rayon peut accumuler plus de 12.000 euros, en moyenne, en primes et participation :

49) D'après certains économistes, le terme "Management" aurait la même racine que le mot "ménagement" qui signifie "disposer, régler avec soin et adresse":

50) Dans une grande banque américaine un grand spectacle est organisé chaque année pour récompenser les meilleurs employés - des danseuses animent le show et le P.DG vient remettre des primes exceptionnelles :

51) Quelle est la proportion de salariés français qui sont aux 35 heures : 100 % - 35 % - 60 % - 40 %.

52) Quelle est la durée hebdomadaire moyenne du travail en France : 38,8 heures - 41 - 44 - 39,7 - 32.

53) Parmi les salariés français, quelle est la tranche d'âge la plus active : 15-20 ans - 55-60 ans - 35-45 - 25-49.

54) Quel est le taux de chômage en France des 18-25 ans :

55) Quel est le pays européen dont le taux de chômage des jeunes est le plus élevé :

56) Quel est le pourcentage de jeunes français de moins de trente ans occupant un emploi stable (plus de 3 ans) :

57) Aux Etats-Unis,

a/ Un salarié peut être licencié immédiatement sans motif particulier, le contrat de travail est dit "at will", à la bonne volonté de l'employeur :

b/ La durée d'indemnisation d'un chômeur n'excède pas six mois :

c/ Les salariés ont une rémunération moyenne 30 % supérieure aux salariés européens:

d/ Les congés sont souvent de sept jours maximum la première année et de quatorze jours après cinq ans d'ancienneté :

e/ Les salariés de certaines grandes entreprises doivent parfois chanter chaque jour un hymne à leur P.DG :

f/ Pour éviter l'absentéisme, certaines entreprises utilisent occasionnellement des vigiles qui vont chercher de force les salariés à leur domicile:

g/ N'ayant ni sécurité sociale, ni retraite par répartition, de nombreux salariés doivent souscrire à des assurances privées qui représentent jusqu'à 30 % de leur rémunération:

h/ Les retraités détiennent plus de 60 % des richesses du pays:

48) Vrai, 49) Vrai, 50) Vrai, 51) 60%, 52) 38,8 h, 53) 25-49 ans, 54) 22%, 55) Grèce (32%), 56) 37%, 57) a. Vrai, b. Vrai, c. Vrai, d. Vrai, e. Faux, f. Faux, g. Vrai, h. Vrai.